不能忘却的回忆

燕山大学历史上的那些事儿

（1958–1997）

燕山大学档案馆 | 编著

燕山大学出版社
2018 · 秦皇岛

图书在版编目（CIP）数据

不能忘却的回忆：燕山大学历史上的那些事儿（1958—1997）/ 燕山大学档案馆编著.
—秦皇岛：燕山大学出版社，2018.12

ISBN 978-7-81142-508-6

Ⅰ. ①不… Ⅱ. ①燕… Ⅲ. ①燕山大学－校史－1958-1997 Ⅳ. ① G649.282.2

中国版本图书馆 CIP 数据核字（2017）第 314615 号

不能忘却的回忆——燕山大学历史上的那些事儿（1958—1997）

燕山大学档案馆 编著

出 版 人： 陈　玉
责任编辑： 孙志强
封面设计： 吴　波
出版发行： 燕山大学出版社 YANSHAN UNIVERSITY PRESS
地　　址： 河北省秦皇岛市河北大街西段 438 号
邮政编码： 066004
电　　话： 0335-8387555
印　　刷： 秦皇岛墨缘彩印有限公司
经　　销： 全国新华书店

开　　本： 700mm×1000mm 1/16　　**字　　数：** 200 千字
印　　张： 13.25　　**插　　页：** 8
版　　次： 2018 年 12 月第 1 版　　**印　　次：** 2018 年 12 月第 1 次印刷
书　　号： ISBN 978-7-81142-508-6
定　　价： 50.00 元

编 委 会

◎ 学校简介

燕山大学

燕山大学是河北省人民政府、教育部、工业和信息化部、国家国防科技工业局四方共建的全国重点大学，河北省重点支持的国家一流大学和世界一流学科建设高校，北京高科大学联盟成员。

学校源于哈尔滨工业大学，始建于 1920 年。1958 年哈尔滨工业大学重型机械系及相关专业成建制迁至工业重镇齐齐哈尔市富拉尔基区，组建了哈尔滨工业大学重型机械学院。1960 年独立办学，定名为东北重型机械学院，成为原机械工业部直属高校。1978 年被确定为全国重点高等院校。1985 年至 1997 年学校整体南迁秦皇岛市。1997 年经原国家教委批准，更名为燕山大学。1998 年，由原机械工业部划转到河北省，实行中央与地方共建，以河北省管理为主。2000 年，河北轻工业管理学校并入燕山大学。

2016 年，作为教育部选定的两所高校之一，学校的工程专业国家认证接受了《华盛顿协议》国际专家的观摩考察，支撑我国正式加入《华盛顿协议》国际工程教育组织。学校现有 9 个工科专业通过工程教育专业认证，标志着这些专业的人才培养质量得到国际认同，进入全球工程教育的“第一方阵”。

学校占地面积4000亩，建筑面积106万平方米。现有普通高等教育在校生38000人。现有教职工3200人，其中专职教师2200人，教师中教授484人（含博士生导师252人）、副教授643人。有中国科学院院士1人，国家“千人计划”入选者5人，国家“万人计划”入选者3人，长江学者奖励计划特聘教授8人，国家杰出青年科学基金获奖者9人。

学校设有11个博士后流动站，14个博士学位一级学科，1个专业博士学位类别（工程博士），33个硕士学位一级学科，11个专业硕士学位类别，17个工程硕士授权领域，64个本科专业，已形成以工学为主，文学、理学、经济学、管理学、法学、艺术学、哲学、教育学等9个学科门类共同发展的学科格局；拥有5个国家重点学科、5个国防特色学科和16个省级重点学科，工程学、材料科学、化学3个学科进入ESI排名全球前1%。在全国第四轮学科评估中，8个学科获得B类以上评估结果，其中机械工程为A类，全国排名前10%，材料科学与工程为B+，全国排名前20%。

学校设有研究生院和18个直属学院，即机械工程学院、材料科学与工程学院、电气工程学院、信息科学与工程学院（软件学院）、经济管理学院、外国语学院、建筑工程与力学学院、文法学院（公共管理学院）、马克思主义学院、理学院、环境与化学工程学院、艺术与设计学院、车辆与能源学院、体育学院、里仁学院、国防科学技术学院、国际教育学院和继续教育学院。

学校建有“亚稳材料制备技术与科学”国家重点实验室、“冷轧板带装备及工艺”国家工程技术研究中心、“先进制造成形技术及装备”国家地方联合工程研究中心、“极端条件下机械结构和材料科学”国防重点学科实验室、国际科技合作基地、国家技术转移示范机构、3个河北省协同创新中心以及38个省部级重点实验室、工程技术研究中心和社会科学研究基地；设有国家大学科技园和燕山大学出版社。

学校在重型机械成套设备、亚稳材料科学与技术、并联机器人理论与技术、流体传动与电液伺服控制技术、工业自动化控制理论与技术、精密塑性成型技术、大型锻件锻造工艺与热处理技术、极端条件下机械结构与材料科学等研究领域具有国际先进水平。2000年以来，学校连续获得国家科技奖励17项，其中国家科技进步一等奖2项、二等奖9项、国家技术发明二等奖3项、国家自然科学二等奖3项，承担“973”、“863”、国家自然科学基金和国家社会科学基金项目958项。2013年和2014年，学校连续有2项科研成果入选“中国科学十大进展”和“中国高校十大科技进展”。

学校积极开展国际间的学术交流合作，共与英国、美国、加拿大、德国、俄罗斯、法国、韩国、日本等20多个国家和地区的80余所国际高水平大学、科研机构建立了友好合作关系，在学生交流、教师交流、科研合作、合作办学、联办会议等领域开展国际交流与合作。

以服务国家装备制造业、战略性新兴产业、国防科技工业和区域经济社会发展为己任，燕山大学4万余名师生员工意气风发，解放思想，锐意进取，科学发展，正为把学校建设成为“特色鲜明的一流大学——具有机械、材料等世界一流学科，学研产协同和军民融合发展办学特色的中国一流大学”而努力奋斗。

（数据截至2018年10月）

孟卫东
燕山大学现任党委书记

刘宏民
燕山大学现任校长

◎ 历史沿革

燕山大学源于哈尔滨工业大学，始建于 1920 年。1958 年哈尔滨工业大学重型机械系及相关专业成建制迁至工业重镇齐齐哈尔市富拉尔基区，组建了哈尔滨工业大学重型机械学院。1960 年独立办学，定名为东北重型机械学院，成为原机械工业部直属高校。1978 年被确定为全国 88 所重点高等院校之一。1985 年至 1997 年整体南迁秦皇岛市。1997 年经原国家教委批准，整体更名为燕山大学。1998 年，由原机械工业部划转到河北省，实行中央与地方共建，以河北省管理为主。2006 年，国防科工委和河北省共建燕山大学。2010 年，国家国防科工局和河北省共建燕山大学。2014 年，河北省、工信部和教育部共建燕山大学。

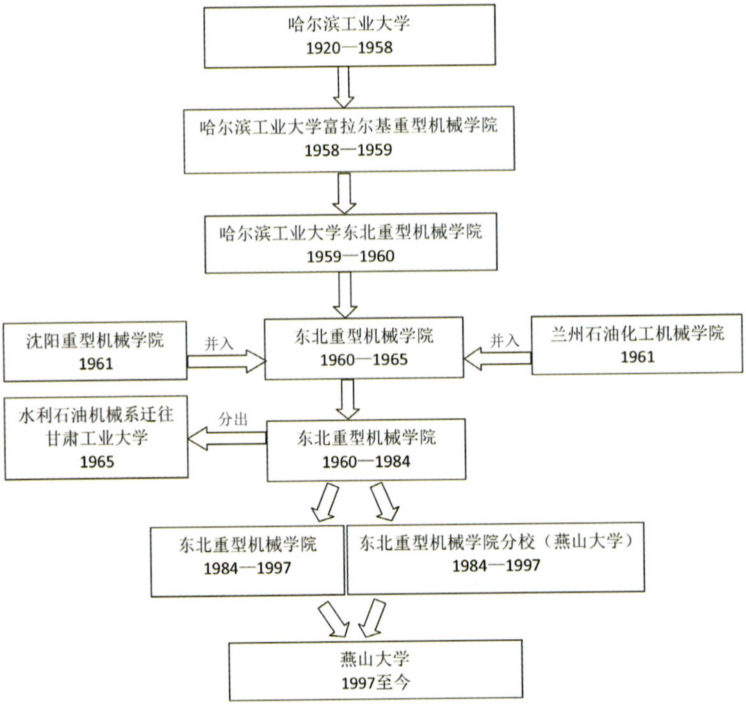

◎ 历任领导

张恩起
东北重型机械学院
党委副书记
1958—1965

杨殿魁
东北重型机械学院
院长
1958—1968

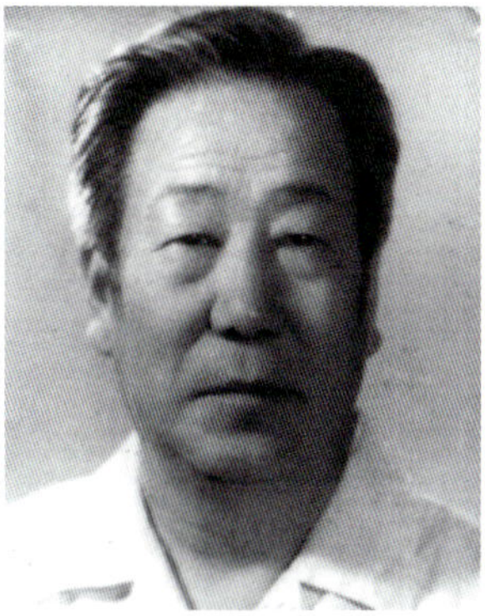

马西林
东北重型机械学院
副院长
1959—1968

谢悦毅
东北重型机械学院
党委副书记
1961—1977

郭久长
东北重型机械学院
党委书记、革委会主任
1972—1981

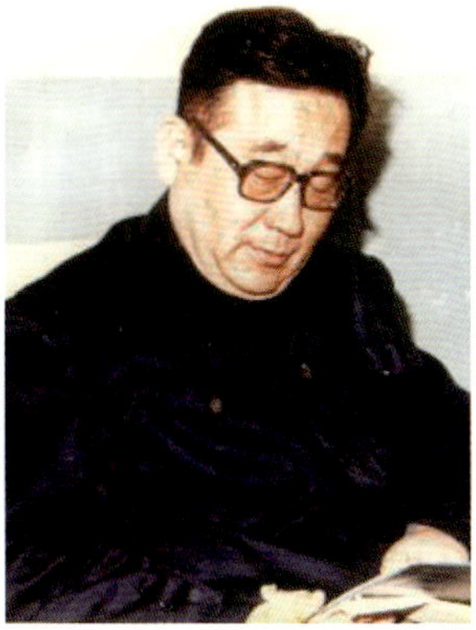

李志超
东北重型机械学院
党委书记
1981—1987

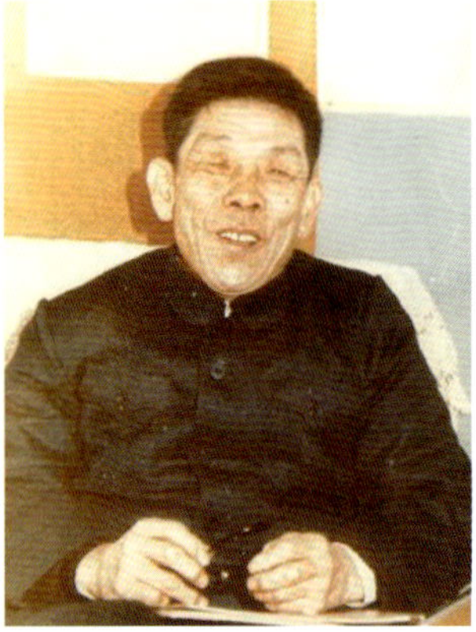

彭涛
东北重型机械学院
院长
1981—1984

林秀安
东北重型机械学院
院长
1984—1988

聂毓峰
东北重型机械学院
党委书记
1987—1988
燕山大学代理党委书记
1989—1991

连家创
东北重型机械学院
院长
1988—1995

武占元
东北重型机械学院
党委书记
1989—1997

宋维公
燕山大学
党委书记
1991—1993

裴广发
燕山大学
党委书记
1993—1997

王益群
东北重型机械学院
院长
1995—1997
燕山大学校长
1997—2003

聂绍珉
燕山大学
党委书记
1997—2003

——前言——

岁月荏苒，世事沧桑。自 1920 年以来，与哈尔滨工业大学同根同源的燕山大学已经走过了 90 多个春秋，为国家和社会培养了 20 余万优秀人才。90 多年风雨兼程，90 多年开拓进取，在这一历史进程中，积累了大量记录学校创建、发展和变迁的原始资料，真实而生动地反映着学校的发展轨迹。回眸历史，无论是在松花江畔的冰城哈尔滨，还是在嫩江平原的齐齐哈尔，抑或是在渤海之滨的秦皇岛，都留下了燕大人坚实而豪迈的足迹。这些足迹凝结着学校两次创业的艰辛，记述着改革开放后的振兴与发展，展现着“厚德、博学、求是”的校训品格与“艰苦创业、严谨治学、求实创新”的燕大精神。如今，燕山大学从当初独立办学时的轧钢、锻压两条龙，发展成为一所以工为主，以重型机械及装备为优势，文、理、经、管、法、艺、教等多学科协调发展的高水平大学。燕山大学这颗渤海之滨的明珠，正闪烁着越来越耀眼的光芒。

英国诗人雪莱曾这样写道：“历史，是刻在时间记忆上的一首回旋诗。”读史明智，历史对现实具有重要的启示和指导作用。认识历史，在很多情况下并不是纯粹的认识论或知识论的问题，而是关系着如何处理现实和开辟未来的问题。认识历史，对于探索过去、了解现在、预测未来具有重要的意义。一个民族，只有重视历史，才具有高度的自我发展意识，才能胸怀宽广、视野开阔，才能屹立于世界民族之林。

对于高校来说，校史有其不可忽视的价值。校史是再现学校发展历史、展示学校办学历程和不同时代学校面貌的场馆，是学校传统与校园文化集中表现的舞台，是学校人才培养、科学研究、社会服务和文化传承成果的荣誉展览室。一所高校，只有重视历史，才能构建良好的校园文化氛围，才能增强师生员工对学校的认同感和自豪感，才能培育良好的学风与科学精神，使广大师生员工将个人的成长与学校的发展融为一体，真诚地热爱学校，自觉维护学校的良好形象，同心同德，为共同的发展目标积极进取、开拓创新。一部校史，就是一部对学生进行学校优秀传统教育和优良校风教育的教材。一部校史，就是一块增强学校凝聚力与感召力的磁石。

历史总是由无数的事件汇聚而成的。在奔腾不息的人类历史长河中，这些影响人类历史的大事小情组成了一个连续不断的历史链条，影响或推动着人类文明的进程。因此，了解历史事件，就是了解历史。一所高校的历史也是由一个个事件组成的。本书以1920年哈尔滨工业大学建校至建立哈尔滨工业大学重型机械学院—1960年定名东北重型机械学院—1985年南迁—1997年更名燕山大学为时间节点，记述这期间学校历史上的大事小情，并配以珍贵的图片，图文并茂地再现了学校在困境中艰苦办学的创业历程，展示了从创办哈工大富拉尔基分校至更名燕山大学期间所取得的丰硕的办学成就和学术成果，记述了老教师们不求名利献身教育事业的动人事迹，展现了燕大人艰苦奋斗、严谨治学、求实创新的精神和优良校风。

校史并非是去而无返的遗迹，它是岁月之流中的种种积淀。燕山大学校史铭记着学校创建、发展、壮大的历程，承载着燕大人不能忘却的记忆与情怀，无论是对学校还是对每一位燕大人，它都是一笔宝贵的精神财富，值得永远珍惜和珍藏。

校史让我们为燕大的昨天感到自豪，更让我们对燕大的明天充满信心。

—目录—

【哈工大时期】

追根溯源　出身名门

（1920—1959）

燕山大学的起源——哈尔滨工业大学是一所具有鲜明学科特色和光荣革命传统的高等学府。1954 年，哈尔滨工业大学成为国家首批确定的 6 所国家重点大学之一，近百年来哈工大形成了“规格严格，功夫到家”的校训，彰显了工程实践能力强、综合素质高、服务国防的人才培养特色。

1958 年，经原教育部、第一机械工业部批准，哈尔滨工业大学重型机械系及相关专业成建制迁至工业重镇齐齐哈尔市富拉尔基区，组建了哈尔滨工业大学重型机械学院，1959 年更名为哈尔滨工业大学东北重型机械学院，1960 年经原教育部批准定名为东北重型机械学院，独立办学，隶属原第一机械工业部（以下简称一机部）。

（一）源起中俄工业学校

1920 年 10 月 17 日

哈尔滨中俄工业学校举行开学典礼，这所带有浓重俄国标志的学校，其建立的主要目的是为俄国在中国建设中东铁路培养工程技术人才，而俄国建立中东铁路的主要目的是进一步控制远东，侵略中国。当时学校设铁路建设和电气机械工程两科，首届招收 103 名学生并分成 3 个班，实行学分制，学制四年，一律用俄语教学。1922 年 4 月 2 日，学校更名为中俄工业大学校。

20 世纪 20 年代的中俄工业大学校

轧钢专业创立初期的苏联专家斯米尔诺夫教授（左三）

（二）定名哈尔滨工业大学校

1928 年 2 月 4 日

学校改名为“东省特区工业大学校”，东省特区行政长官张寰湘将军担任校理事会主席，东北政府国民教育部总长刘哲任校长，为学校历史上第一位中国校长。

张学良将军

1928 年 10 月 20 日

将法政学院和商学院并入，学校正式定名为哈尔滨工业大学校，由中苏共管，张学良将军任校理事会主席。

1935 年 2 月 13 日

苏联政府与日本及其傀儡伪满洲国政府达成《中东铁路让售草约》，苏联抛开中国，以 1.4 亿日元的价格将中东铁路主权“转让”给了日本，中俄工业大学校也完全被日本人接管，其教学活动亦开始向日本教育模式过渡，这所建立在松花江畔的学校随着民族深陷危机、国家风雨飘摇而饱受屈辱，这也印证了一个深刻的道理：当国家失去主权时，个人的荣辱和集体的兴衰都将变得无足轻重，个人与集体也无法主导自己的命运。

（三）改名国立哈尔滨高等工业学校

1936 年 1 月 1 日

学校改名为国立哈尔滨高等工业学校。

（四）改名哈尔滨工业大学

1938 年 1 月 1 日

学校改名为哈尔滨工业大学（简称“哈工大”）并沿用至今。

（五）设立建校纪念日

1950 年 6 月 7 日

中央电告东北局“中长铁路已决定将哈工大交给中国政府管理”，并指示哈工大“应着重招收国内各大学理工学院的讲师、助教和研究生。主要学俄文，两年毕业即分配到各大学任教”。后来，学校决定 6 月 7 日为哈工大建校纪念日。

（六）成为全国重点大学

1954 年 10 月 5 日

高等教育部发出《关于重点学校和专家工作范围的决议》第一次确立中国人民大学、北京大学、清华大学、哈尔滨工业大学、北京工业大学、北京医学院 6 所学校为全国重点大学。

（七）筹建富拉尔基工学院

1958 年年初

教育部指示哈尔滨工业大学在齐齐哈尔市新兴工业区富拉尔基筹建工学院。

20世纪50年代的哈工大

20世纪50年代哈工大青年教师
与苏联专家

1957年轧钢专业师生与苏联专家合影
（内有赖明道教授）

1958年6月11日

哈尔滨工业大学向教育部、一机部、黑龙江省人民委员会提交筹建哈工大富拉尔基重型机械学院的报告。

1958年8月18日

哈工大党委决定调马西林、张恩起等56名同志到富拉尔基筹备建校工作。其中科以上干部10名，教学人员23名（实际55名）。

马西林

张恩起

（八）初期规模及专业设置

1958年8月26日

教育部、一机部联合批复同意建立哈尔滨工业大学富拉尔基重型机械学院，规模暂定5000人。设置轧钢机械及工艺、锻压机器及工艺、冶金机械设备及工艺、机器制造工艺设备、钢铁冶金、金属学及热处理，金属热加工改为金属铸造工艺及设备、焊接工艺及设备，另增设冶金过程自动化、工业热工学共10个专业。明确重型机械学院由哈工大和富拉尔基重型机器厂双重领导，以哈工大为主。

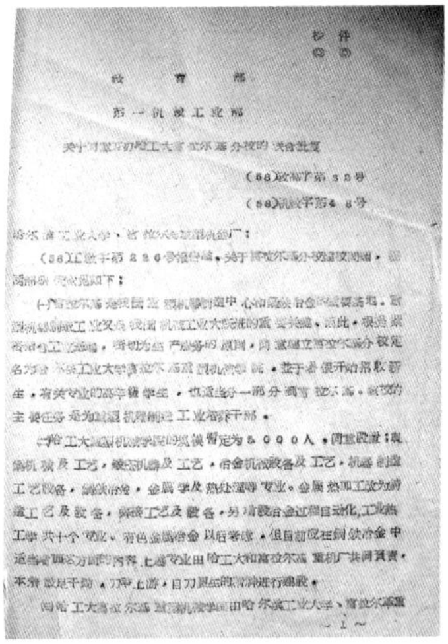
抄件

教育部

第一机械工业部

(58)教高字第32号

~1~

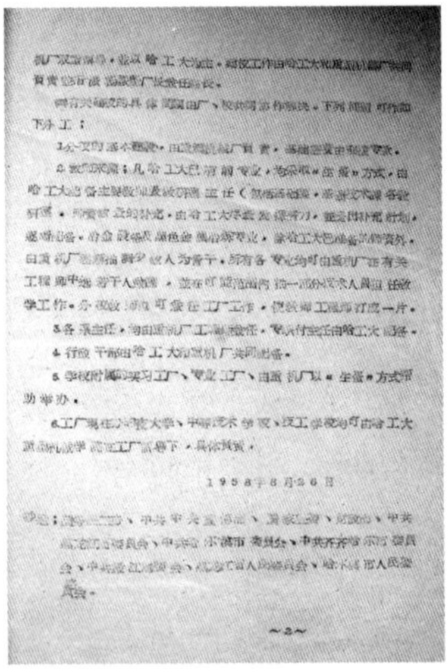
1958年8月26日

~2~

关于同意开办哈工大富拉尔基分校的联合批复

1958年9月16日

哈工大一年级学生214人分两批于9月3日和16日来到重型机械学院。

1958年9月23日

重型机器厂党委决定成立中共哈工大富拉尔基重型机械学院临时委员会，指定张恩起为副书记，马西林、高树勤同志为委员。

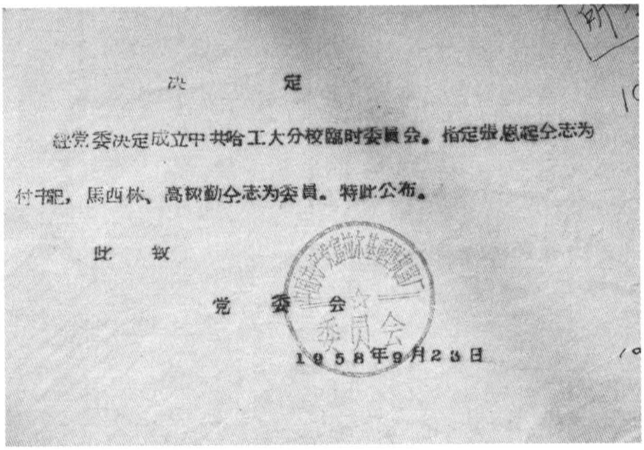
决定

经党委决定成立中共哈工大分校臨时委員会。指定張恩起仝志为付書記，馬西林、高树勤仝志为委員。特此公布。

此致

党委会

1958年9月23日

成立中共哈工大富拉尔基重型机械学院临时委员会文件

1958年9月

学院成立工会。

1958 年 10 月 4 日

学院召开师生员工大会，宣读了哈工大党委在全校全面实行半工半读的通知。

1958 年 10 月 9 日

成立院临时团委。

1958 年 10 月 15 日

哈工大党委决定重型机械学院暂设轧钢、锻压、冶金机械、机制、金相、铸造 6 个专业。从哈工大迁入高年级学生 248 人，于 10 月 26 日到校。

1958 年 10 月中旬

全校师生为完成 1 万吨钢的任务积极投入大炼钢铁运动。

1958 年 11 月 1 日

马列主义教研室成立。

（九）哈尔滨工业大学富拉尔基重型机械学院成立典礼

1959 年 3 月 2 日

哈尔滨工业大学富拉尔基重型机械学院举行成立典礼，哈尔滨工业大学校长李昌和其他领导人出席成立大会。会上李昌校长提出“高而瘦”的办学方针，他说“这是中国第一所培养重型机械家及人才的高等学校”。一机部决定：重型机械学院是哈工大的一个组成部分，归哈工大领导。

哈尔滨工业大学富拉尔基重型机械学院举行成立典礼

1959 年 4 月 6 日

一机部任命马西林为哈尔滨工业大学富拉尔基重型机械学院副院长。

（十）设置工业企业电气化专业

1959年4月27日

一机部批准学院设置工业企业电气化专业。

1959年5月

经一机部批准，学院暂停办冶金机械及设备、铸造工艺及设备两个专业。

1959年5月24日

学院参加齐齐哈尔市大中小学运动会，荣获大专男子组总分冠军，女子组获第六名。

1959年5月27日

原由重型机器厂党委领导的学院分党委，划归中共齐齐哈尔市委直属党组织领导。

1959年5月30日

重型机器厂党委决定张殿文任党委委员。

1959年6月2日

一机部任命重型机器厂厂长杨殿魁兼任学院院长。

杨殿魁

（十一）改名哈尔滨工业大学重型机械学院

1959年6月29日

一机部教育局通知，哈尔滨工业大学富拉尔基重型机械学院改为“哈尔滨工业大学重型机械学院”（以下简称哈工大重机学院）。

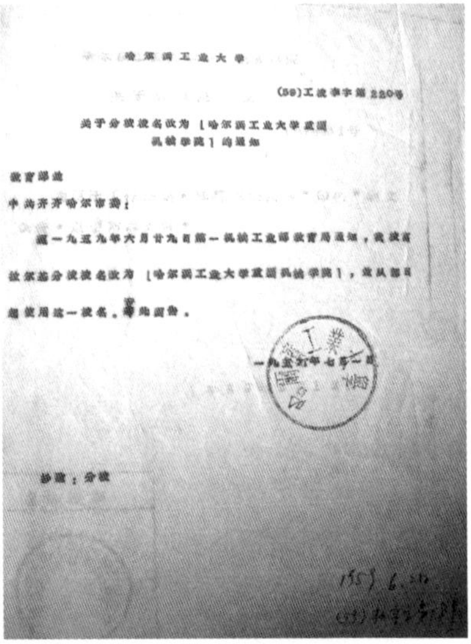

哈尔滨工业大学

(59)工技李字第220号

关于分校校名改为〔哈尔滨工业大学重型机械学院〕的通知

教育部並

中共齐齐哈尔市委：

据一九五九年六月廿九日第一机械工业部教育局通知，我校富拉尔基分校校名改为〔哈尔滨工业大学重型机械学院〕，並从即日起使用这一校名。特此函告。

一九五九年七月一日

抄送：分校

关于分校更名的通知

（十二）哈工大重机学院首届毕业典礼

1959 年 8 月 15 日

哈工大重机学院轧钢、锻压专业首届毕业生 28 人毕业。

哈工大重机学院首届毕业典礼及毕业生合影

1959 年 9 月

郑美臣调到学院任党委副书记。

1959 年 9 月 14 日

新生 223 人参加开学典礼。秋季学期哈工大轧钢专业师生全部搬迁来院。

1959年10月26日

原哈工大和重型机器厂合办的业大，改成由学院和重型机器厂合办，定名为哈尔滨工业大学重型机械学院富拉尔基重型机器厂业余大学。

1959年11月3日

学院开始整风鸣放。

1959年11月19日

中共齐齐哈尔市委决定霍申、于长福任党委委员。

1959年11月27日

哈工大校务委员会通过，每年6月7日为哈工大校庆日。

（十三）《哈尔滨工大重型机械学院报》第一期出版

1959年12月8日

《哈尔滨工大重型机械学院报》第一期出版，哈工大校长李昌题词：“在学校的领导下，校厂亲密结合，边教边建边攻科学尖端，为培养又红又专会读会做的高级重型机械人才而奋斗。”

李昌

【东重时期】

独立办学　艰苦创业

（1960—1984）

从1920年到1960年，40年水乳交融、休戚与共的光辉岁月，让初生的东北重型机械学院一开始就烙上了严谨、务实的哈工大印记。经过东重人18年的不懈追求，1978年，年轻的东北重型机械学院被国家确定为与哈工大同列的全国88所国家重点高等院校之一，这个辉煌的成就既是对哈工大无私奉献的至高敬意，也是东北重型机械学院踏上腾飞之路的新起点！

东北重型机械学院从哈工大独立出来到“文革”前短短几年的时间里，在继承哈工大优良传统和学风的同时，注意突出轧钢、锻压等强势专业，逐步形成了以教学为主，教学、科研、生产相结合的特殊办学模式，这为南迁秦皇岛后形成“学研产互动”的办学特色奠定了基础，并逐渐演变成为燕山大学的一种学术传统。

从东北到华北，从哈尔滨工业大学到燕山大学，从“规格严格，功夫到家”到“厚德、博学、求是”，见证的不仅仅是燕山大学地理位置的变迁，更是一种精神的延续、传承与发扬！

东重校门和教学主楼

东重图书馆

东重学生宿舍

东重体育馆

冬日运动场

校园林荫道

（一）金属材料系成立

1960 年年初

成立金属材料系。

1960 年 2 月—3 月中旬

在全院教职工中就总路线、大跃进、人民分社、教育革命、党的领导、红与专的关系等问题开展大辩论。

（二）初期规模及专业设置

1960 年 3 月 12 日

第一机械工业部教育局函告重型机械学院 1960 年秋季招生人数：第一机械工业部教育局根据今年高中毕业学生来源的情况，初步确定重型机械学院 1960 年秋季招生 210 人，招生的专业为轧钢机器及工艺、锻压设备及工艺、冶炼设备及起重机、钢铁冶金、工业企业电气化及无线电技术等。为解决今后招生来源问题，允许该院举办附属高级中学。

东重初创期师生火热的建校劳动场面

1960 年 3 月 25 日

请求一机部批准学院与哈工大教本部一批录取新生：我院有着结合生产基地建校的优越性，可是与我校有合作的工厂均为国家一级保密厂，因此这些厂的入厂条件严格，为了不断提高教学质量和加强厂校协作，希望第一机械工业部教育局批准我院今后与哈工大教本部一批录取新生。

（三）自动控制系成立

1960 年 4 月

成立自动控制系。

1960 年 5 月 20 日

从 3 月 31 日到 5 月 20 日，全院师生 500 余人分别到全市 61 个工厂，投入以机械化、自动化为中心的技术革新和技术革命，完成技术革新项目 467 个。

1960 年 7 月上旬

苏联“轧钢机械设备”专家沃里夫同志来学院讲学：第一机械工业部邀请重庆大学苏联“轧钢机械设备”专家沃里夫同志至哈尔滨工业大学重型机械学院讲学，时间为 7 月上旬，讲学的主要内容是初轧机械设备研究、热锯研究、冶金设备研究、线列式小中型轧机机械化研究等课题。

沃里夫在讲课

1960 年 8 月 8 日

1960—1961 学年度迎新工作计划：本年学院除本科生 210 人外，尚有进修教师、代培生等共计 400 余人来校学习。为了做好迎新工作准备，在院党委统一领导下，由各部门组成迎新委员会，下设 6 个工作小组具体负责组织安排迎新工作的有关事项。

（四）更名为东北重型机械学院

1960 年 10 月 29 日

一机部通知：据教育部〔1960〕第 1368 号文件，批准将“哈尔滨工业大学重型机械学院”更名为“东北重型机械学院”，直属一机部领导。

1960 年 11 月 8 日

经院党委讨论，由干部、教师、工人 24 人组成院务委员会，杨殿魁任主任，马西林任副主任。

谢悦毅

1960 年 11 月 11 日

中共黑龙江省委批准谢悦毅任学院党委副书记（列张恩起后）。

（五）增设运输机械、石油机械、电子计算机和工程物理四个专业

1960 年 12 月 17 日

根据一机部指示，学院下年度增设运输机械、石油机械、电子计算机和工程物理 4 个专业。

1961 年 5 月 17 日

学院选定出国进修教师：学院人事处和教务处接到一机部关于选拔 1961 年出国进修教师的通知，本着提高教师的科学技术水平的目标，同时

根据学院各专业的实际情况，经过研究，学院决定出国进修的专业教师是核物理装置1名，电物理装置1名，精密轧机1名，水压机1名，石油机械1名，共5名。

（六）被一机部确认为部属重点学院

1961年5月19日

据〔1961〕一机密教便字449号文件，一机部确认东北重型机械学院为部属重点学院。

1961年9月15日

《教育部直属高等学校暂行工作条例（草案）》开始试行。

1961年10月16日

据〔1961〕一机干字1632号文件，一机部任命尹萍为副院长。

（七）首次招收研究生

1961年10月

学院首次招收研究生5人。

1961年12月

按上级要求，学院全年精简职工500余人。

1962年2月26日

院教学研究委员会成立。

1962年3月10日

一机部同意杨殿魁等21人为院务委员会委员。

1962年7月10日

院党委同意成立团委。

1962年7月25日

齐齐哈尔市委决定谢悦毅等5人任学院党委监委委员，谢悦毅兼书记。

1962年7月26日

据〔1962〕黑教人字第40号文件，黑龙江省教育厅批准赖明道、李振中、于元甫、尹昌言、陈肯、范广信为副教授。

（八）中共东北重型机械学院委员会第一次党员代表大会召开

1962 年 9 月 24 日

中共东北重型机械学院委员会第一次党员代表大会召开，张恩起作工作报告。大会进行 4 天。

1962 年 11 月 15 日

中共齐齐哈尔市委决定，学院党委由张恩起等 18 人组成。

中共东北重型机械学院委员会第一次党员代表大会召开

（九）共青团东北重型机械学院委员会第一次团员代表大会召开

1962 年 11 月 24 日

共青团东北重型机械学院委员会第一次团员代表大会召开，徐桂清作工作报告。选举产生了团委会。

（十）第一届科学技术报告会开幕

1962 年 12 月 18 日

学院第一届科学技术报告会正式开幕：学院第一届科学技术报告会在院党委和院务委员会直接领导下于 12 月 18 日下午正式开幕，开幕式上马西林院长、赖明道和李振中同志作了关于科研问题的专题报告，此后的 4 天按照“压力传感”“材料和工艺”“水刀热工”“电力传动”“基础理论”5 个学组进行了分组报告和讨论，提交科学报告和学术论文近 50 篇。

1963 年 2 月 13 日

国务院下达国计春字 112 号文件，批准东北重型机械学院设计任务书，同意学院规模为 3000 人（在校学生数），设置轧钢机械、锻压设备与工艺、金属材料、水力机械、石油矿场机械、石油炼厂机械、工业企业电气化与自动化、机械制造工艺及设备、铸造工艺及设备 9 个专业。

1963 年 3 月 25 日

党委批准团委报告，号召全院人员向雷锋同志学习。

（十一）中国教育工会东北重型机械学院委员会举行第一次代表大会

1963 年 6 月 1 日

中国教育工会东北重型机械学院委员会举行第一次代表大会，赵万仓作工作报告，大会 6 月 3 日结束。

中国教育工会东北重型机械学院第一次会员代表大会合影

1963 年 7 月 2 日

学院向一机部办公厅报送档案工作情况。东北重型机械学院将自 1958 年建校以来的档案管理情况做了一次梳理，发现了学院档案管理的不足之处，并提出了改进措施。将学院的档案管理的基本情况如档案工作机构和人员配置、档案数量及完整情况以及档案利用情况上报一机部。

1963 年 7 月 20 日

学院召开了历时十天的暑期教师学习班。东北重型机械学院根据院党委和院务委员会的决议召开了历时十天的教师暑期学习班，此次活动由系正副主任、教研室正副主任和部分骨干教师共 110 人参加，活动的主要目的在于进一步学习毛主席的教育指示，学习军事工程学院经验，总结学院教育改革情况。

（十二）《东北重机学院学报》创刊号出版

1963 年 10 月 1 日

《东北重机学院学报》创刊号出版（1978年复刊，1982年国内公开发行）。

东北重機学院学报

創　刊　号

1963

东北重型机械学院学报編輯委員会

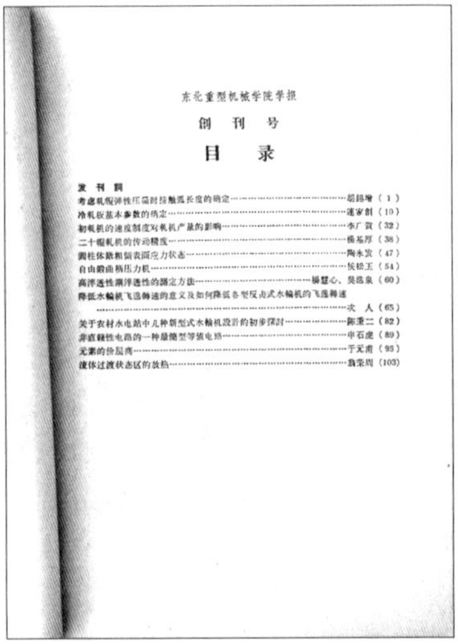

东北重型机械学院学报

創　刊　号

目　录

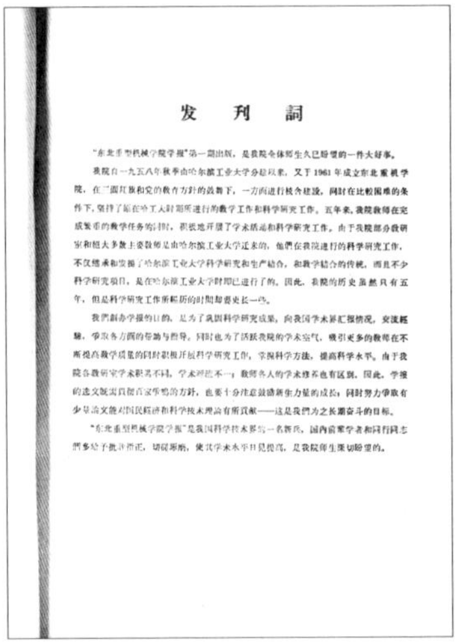

发　刊　詞

"东北重型机械学院学报"第一期出版，是我院全体师生久已盼望的一件大好事。

我院自一九五八年秋季由哈尔滨工业大学分建以来，又于1961年成立东北重机学院，在三面红旗和党的教育方針的鼓舞下，一方面进行校舍建設，同时在比較困难的条件下，坚持了原在哈工大时期所进行的教学工作和科学研究工作。五年来，我院教师在完成繁重的教学任务的同时，积极地开展了学术活动和科学研究工作。由于我院部分教研室和絕大多数主要教师是由哈尔滨工业大学迁来的，他們在我院进行的科学研究工作，不仅继承和发扬了哈尔滨工业大学科学研究和生产結合，和教学結合的传統，而且不少科学研究项目，是在哈尔滨工业大学时即已进行了的。因此，我院的历史虽然只有五年，但是科学研究工作所經历的时間却要更长一些。

我們創办学报的目的，是为了巩固科学研究成果，向我国学术界汇报情况，交流經驗，爭取各方面的帮助与指导。同时也为了活跃我院的学术空气，吸引更多的教师在不断提高教学质量的同时积极开展科学研究工作，掌握科学方法，提高科学水平。由于我院各教研室学术积累不同，学术观点不一；教师各人的学术修养也有区別。因此，学报的选文既要貫徹百家爭鳴的方針，也要十分注意鼓励新生力量的成长；同时努力争取有少量論文能对国民經济和科学技术理論有所貢献——这是我們为之长期奋斗的目标。

"东北重型机械学院学报"是我国科学技术界的一名新兵，国内前輩学者和同行同志們多给予批評指正，切磋琢磨，使其学术水平日見提高，是我院師生深切盼望的。

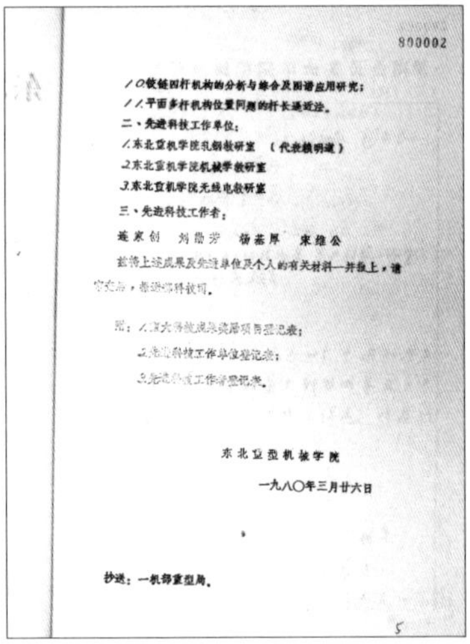

800002

10.铰链四杆机构的分析与综合及图谱应用研究；

11.平面多杆机构位置问题的杆长逼近法。

二、先进科技工作单位：

1.东北重机学院轧钢教研室　（代表赖明斌）

2.东北重机学院机械学教研室

3.东北重机学院无线电教研室

三、先进科技工作者：

连家创　刘勖芳　杨基厚　宋维公

兹将上述成果及先进单位及个人的有关材料一并报上，请审定后，报送部科教司。

东北重型机械学院

一九八〇年三月廿六日

抄送：一机部重型局。

5

《东北重机学院学报》创刊号及发刊词

（十三）建院五周年校庆活动

1963 年 10 月 20 日

10 月 20 日学院 2000 多名师生隆重举行了建院 5 周年的庆祝大会。出席这次大会的有：中共嫩江地委书记处书记、中共齐市委第一书记张立信，书记张蒲家，书记兼市长章林，一机部教育局副局长王峯等，学院院长杨殿魁，党委副书记张恩起、谢悦毅，副院长马西林、尹萍等领导同志出席了这次庆祝大会。会上，副院长马西林作了庆祝建院 5 周年的报告。中共齐市市委书记、市长章林对学院的工作作了重要指示。会上，学院教师代表、职工代表、学生代表也作了发言。大会还收到第一重机厂、汉口机械学院等兄弟单位的贺电贺信 28 件。大会结束后，上级党政领导同志及来宾参观学院实验室及校庆展览会，晚上与全院师生职工共同欣赏长影乐团的精彩演出。

1963 年 11 月

学院和齐齐哈尔第一机床厂合办的齐齐哈尔业余机械学院首届毕业生 28 人毕业。

1963 年 11 月 4 日

学院将后勤服务人员由临时工转变为合同工。根据齐市劳动局的文件指示精神，结合学院的实际情况，院党委经过研究决定将大部分工作表现较好的服务人员由合同工转变为长期工，以鼓励他们更加积极地工作。

1963 年 12 月初

学院男女乒乓球代表队双获齐齐哈尔市大中小学乒乓球赛冠军。

1963 年 12 月 13 日

学院请求一机部协助解决东重师生进鞍钢冷轧板厂进行毕业实习。东北重型机械学院为了使学生的毕业设计密切结合生产实际，鉴于学生缺少感性知识，想让学生在毕业实习期间去鞍山钢铁公司冷轧板厂实习 5 个月，为此提请一机部三局协助学院与冶金部联系解决 6 名师生的实习事宜。

（十四）学生政治辅导员制度实行

1963 年 12 月 29 日

学院党委决定在学院实行学生政治辅导员制度，规定每 100 ～ 120 名学生中设 1 名专职辅导员。

1964 年 1 月 8 日

东重专修科毕业生合影。

东重专修科毕业生合影

1964 年 1 月 20 日

东北重型机械学院申请增加在关内的招生人数。东北重型机械学院由于近两年来的招生来源多是东北三省，择优录取有困难，再者关内的重型工业基地较多，导致学生毕业分配的阻力较大。因此，为保证新生质量，希望在关外增加招生数。1964 年的招生安排为关内 130 人，关外 190 人，合计 320 人。

1964 年 1 月 25 日

东北重型机械学院聘请哈尔滨工业大学教师来学院讲学。东北重型机械学院自从独立办学以来，在教学、师资队伍和实验室建设等方面都得到了其巨大的帮助和支持，为了继续提高学院的教学质量和教师水平，拟从 1964 年春季学期起，聘请哈尔滨工业大学教研室的部分教师来学院讲学，具体时间和期限均由哈尔滨工业大学考虑决定。

1964 年 2 月 4 日

学院呈报 1964 年学生毕业实习计划。根据中央第一机械工业部、冶金工业部和石油工业部的相关文件通知精神，东北重型机械学院与相关的实习单位联系确定了学院 1964 年学生毕业实习计划。将各专业的实际具体计划呈报给黑龙江省教育厅。

1964 年 2 月 17 日

东北重型机械学院请北京石油学院协助解决学院矿机专业学生的实验问题。东北重型机械学院石油矿场机械专业因于 1961 年新建，教学条件较差，实验设备缺乏，为保证更好的教学质量，学院借用北京石油学院的矿机实验室仪器设备补齐矿机专业各专业课的全部实验。此外，学院对于先前两次北京石油大学大力协助补齐矿机实验表示了感谢。

1964 年 2 月 24 日

东北重型机械学院向中央冶金工业部申请固定学院学生在北满钢厂生产实习。东北重型机械学院自建院以来，就和第一重型机械厂和北满钢厂建立了密切联系，学院学生可以在工厂实习，教师与工厂进行技术合作开发，取得了教学质量和科研双进步。但是有关厂校双方的协作关系没有确立，对学院学生的实习影响较大，请求部批准北满钢厂与学院建立固定的协作关系。

老师在工厂现场教学

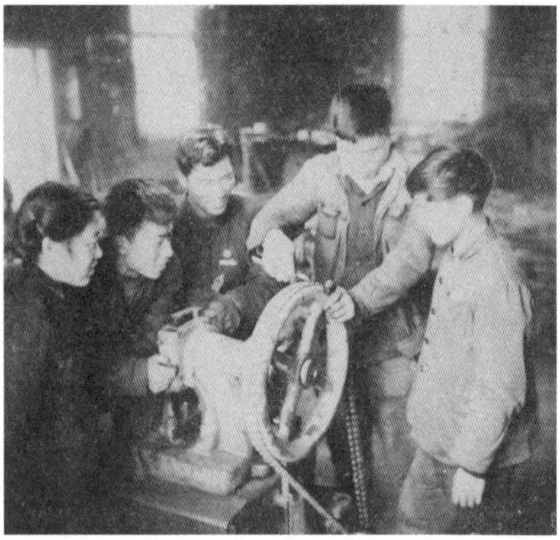

工人师傅讲解加热设备

参观学习

师生与工人师傅一起进行生产实验

1964 年 3 月 25 日

首批下乡的六二级学生和部分教师到齐齐哈尔市郊区梅里斯公社参加社会主义教育运动。

1964 年 4 月 10 日

经过齐齐哈尔市绿化评比委员会评定，学院在 1964 年 4 月 10 日齐市 1964 年度卫生绿化集体和个人奖励大会上获得 1963 年度绿化先进单位，会上发给学院奖状一张、绿化工具两件、树苗 50 株以资鼓励。

东北重型机械学院呈报对水斗式水轮机飞逸转速限制器的研究。学院水力石油机械系水机教研室教师杜同，很早对水斗式水轮机飞逸转速限制进行了研究。1956 年 7 月在哈尔滨电机厂提出该项理论，受到国内外专家学者的重视，1958 年在华东水利学院用实验得到证实并发表了实验报告，当时又在苏联列宁格勒金属工厂做了多项实验均取得成功。申请部局按照发明奖励条例审批该课题。

1964 年 4 月 15 日

学院首批参加劳动锻炼的 24 名同志赴亚尔赛农场。经过动员和认真学习红旗杂志的《干部参加集体生产劳动对于社会主义制度是根本性的一件大事》的社论和相关中央文件精神以后，同志们提高了参加体力劳动锻炼的认识，纷纷表示，要在半年的劳动锻炼中努力改造思想，提高阶级觉悟，培养工农感情。带着主席著作下乡，使自己早日成为一个工人阶级知识分子和革命的好干部，为社会主义教育事业贡献更大的力量。

1964 年 4 月 24 日

第一机械工业部第七局为了进一步证实东北重型机械学院提交的关于水斗式水轮机飞逸转速限制器的实用价值，发函重庆水轮机厂和东北重型机械学院，要求东北重型机械学院提供实验材料在重庆水轮机厂进行试用，希望学院密切配合，为使用新技术开辟道路。

1964 年 5 月

学院党委传达毛泽东主席于 1964 年 2 月 13 日在人民大会堂召开的教育工作座谈会精神。

1964 年 5 月 6 日

东北重型机械学院上报 1964 年水轮机学术年会论文项目。收到全国机械工程学会透平锅炉学会的通知，将学院水机教研室为第二届透平锅炉年会撰写的论文项目报来，关于论文内容组织有关人员进行初审，审毕按学会要求及时上报。其中部分论文项目如下：杜同 3 篇，分别是《降低水轮机飞逸转速的意义及如何降低各型反击式水轮机的飞逸转速》《新型水轮机导水机构的探讨》《适应于我国水龙头及负荷变化范围大的新型混流式水轮机的探讨》。

1964 年 5 月 9 日

学院召开了 1963 年度先进集体、先进工作者的命名奖励大会。会上命名并奖励了锻压教研室等 7 个集体、王文启等 64 名先进工作者。大会号召在全院教职工中广泛掀起一个以“五好”为主要内容的比学赶帮运动。会上党委副书记张恩起作了重要指示，党委组织部部长孙明森同志全面总结了学院前一段时间开展的评功摆好活动。会上还宣读了院学生会给大会的贺信。

1964 年 5 月 22 日

根据在高等院校建立政治工作机构的精神，一机部同意谢悦毅负责主持学院政治部工作。

1964 年 5 月 23 日

学院第二届田径运动大会开幕，参加运动会的运动员人数达 900 余人，参加单位：48 个班级、9 个部门工会，是学院历年来规模最大的一次运动会。开幕式上，张恩起书记号召：全院的师生职工通过这次运动会把我院体育运动在原有基础上更广泛、更深入地开展起来。张恩起书记、马西林副院长等领导同志参加了拔河、接力等项目比赛，运动会上一直保持着活泼紧张的活跃氛围，运动会历时两天，于 5 月 24 日胜利闭幕。

1964 年 5 月 29 日

学院田径代表队一行 30 人，在学院武装部部长率领下于 5 月 29 日到 5 月 31 日参加了公社举办的田径运动大会，参加这次运动会的有工厂、企业、驻军、铁路、大专院校等 50 多个单位，男女运动员 1000 多人，经过 3 天紧张、激烈的比赛，学院获得了男子团体总分第二名，女子团体总分第二名，学院运动员在比赛中表现了勇敢、顽强、团结互助的新的体育风尚，受到了大会好评。

1964 年 6 月 24 日

东北重型机械学院函请在水斗式水轮机上试用飞逸限制器。根据一机部七、八局七八技第252号指示，要求重庆水轮机厂与学院密切配合，在重庆水轮机厂生产的水斗式水轮机上试用飞逸限制器。

1964年6月25日

东北重型机械学院函请在360马力水轮机上试用水斗式水轮机飞逸转速限制器。学院将定制的两只飞逸转速限制器的图纸寄给芦山水力发电厂，拟计划在芦山水力发电厂一级电站360马力水轮机上试用水斗式水轮机飞逸转速限制器。

1964年7月1日

下午学院200多名党员隆重集会纪念中国共产党建党43周年，会上党委副书记谢悦毅同志发表讲话。会上还举行了新党员入党宣誓仪式。18名新党员宣誓，张树凯代表新党员在会上发言，李道隆代表入党积极分子在会上发言。

在纪念“七一”党的生日这一天，学院又有19名先进青年光荣地加入了中国共产主义青年团。新入团的许多同志是各个方面的先进分子，同时80%以上的人都担任班内工作。他们高举毛泽东思想红旗，工作认真负责、勤勤恳恳为同学服务，给广大青年树立了进步的榜样。

1964年7月2日

党委宣传部为了更好地领导、提高和进一步推动群众性的毛主席著作学习运动，举办了第一期毛主席著作学习班。参加这期学习的学员是10名教师和实验员，学院领导对此十分重视，党委宣传部部长于长福同志在学习之初发表讲话，马西林副院长牺牲星期日休息时间与学员举行座谈会并发表讲话。

1964年7月6日

学院举行了第二十次院务委员会（扩大）会议，会议由马西林副院长主持，会议就下学期组织63、64级学生及基础课教师下乡参加农村社会主义教育运动问题、暑假组织教师学习班问题和实验室建设等问题作了研究讨论。会上，马西林副院长对上述每个问题分别作了总结发言。

1964 年 7 月 11 日

齐齐哈尔市冶金机械学会机械传动机设计学组与学院科学技术委员会在学院联合召开了一次专题报告会。会上听取了两个专题报告，下午与会人员参观了设置在学院零件实验室的波动传动及齿轮强度试验台，并进行了表演操作。大家一致认为这次报告会开得很好，两篇报告颇有价值。

1964 年 7 月 16 日

一机部沈鸿副部长来院视察工作。

1964 年 7 月 22 日

一机部发〔1964〕机干字 2451 号文，任命胡育德为学院副院长。

1964 年 7 月 23 日

东北重型机械学院提高新生助学金补助比例。根据黑龙江省教育厅、财政厅转发的教育部、财政部《关于提高高等学校学生伙食标准和助学金补助比例以及使用助学金注意事项的通知》精神，学院党委经过讨论分析决定：鉴于 63 级学生和将要招收的 64 级学生有很大一部分来自灾区或南方，因此将助学金比例一同提高，即为 75%，预算标准为 17 元。其中 63 级学生从 1964 年 5 月份执行，64 级新生从开学之初执行。

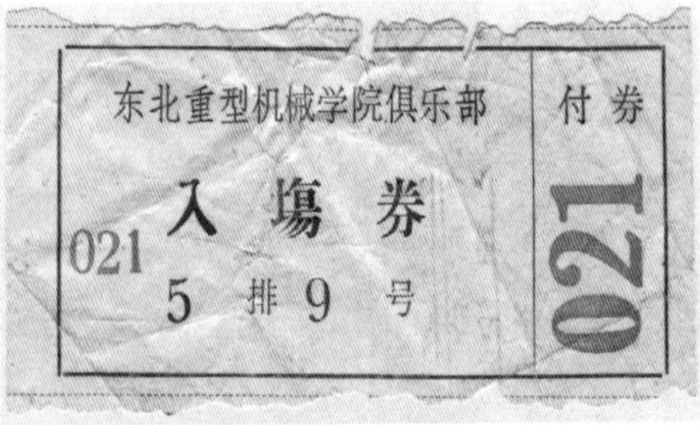

东重电影票

东重学生食堂饭票

东北重型机械学院在学生班级中配备政治工作干部。东北重型机械学院接到一机部教育局转发的《关于报送需要增加高等学校政治干部的通知》，按照文件指示精神即平均每 100 个学生配备 1 名政治工作干部，因此在 1966 年秋季学期一共配备给各专业政治工作干部 18 人。

1964 年 7 月 30 日

学院举办的为期十天的教师暑期学习班胜利结束。参加这次学习班的有教研室正副主任及部分教师，共 118 人。整个学习过程分为三大板块，在学习中贯彻着联系思想、联系工作、总结经验、提高认识的精神。其中有的教研室还开展了批评与自我批评，增强了内部团结。学习班结束前，马西林副院长对整个学习情况作了总结。

1964 年 8 月

东北重型机械学院轧钢机械、锻压工艺及设备等 7 个专业应届毕业生共计 250 名，分别修完了各专业五年制教学计划中所规定的全部课程，并完成了毕业设计，成绩均合格，经审核准予毕业，并发给毕业文凭。

东北重型机械学院第六届毕业生合影

1964 年 8 月 5 日

第一机械工业部政治部主任刘鹤孔等同志来学院视察工作。学院党委副书记张恩起等领导同志向刘主任汇报了工作情况，并陪同刘主任参观了轧钢实验室、自动控制实验室等。刘主任对学院工作作了诸多重要指示。

1964 年 8 月 14 日

内蒙古扎赉旗教育参观团一行 40 人来学院参观，受到学院全体教职工的热烈欢迎。党委谢悦毅书记、胡育德副院长、院工会王主席等领导同志接待了全体团员，并由胡副院长介绍了学院几年来的发展建设简况。全体团员在胡副院长、王主席的陪同下，参观了学院各实验室。

1964 年 8 月 20 日

8 月 20 日至 24 日，毕业班的 250 名学生在完成毕业设计与答辩后，用了 5 天时间在校内修筑了一条 259 米长的简易马路。竣工后，学院命名为“五九路”。在命名大会上胡育德副院长为学生们颁发奖状，马西林副院长作了简短讲话。

1964 年 8 月 23 日

学院胡育德、孔明森、于长福等领导同志和 60 多名师生干部前往驻军某部观摩演习。军事演习极其精彩，显示出解放军同志过硬的军事本领。通过观摩，学院师生干部加强了国防观念，对学习解放军的三八作风有很大启发。

1964 年 9 月初

在行政管理处副处长白永富同志的组织与领导下，伙食科的干部从 9 月初开始实行每周四半日工作半日劳动的制度。劳动过程中干部们主动挑重活、脏活干，同时发现了一些不参加劳动所不能发现的问题，发现后及时予以解决。同时，炊事班抽出一名比较有经验的炊事员搞炊具革新，并抽出一些人力专门提高饭菜质量。

（十五）增设机器制造专业

1964 年 8 月 24 日

学院改变金属学热处理工艺及设备专业名称并增设了机器制造专业。结合学院过去几年的办学经验，为了最大限度地发挥在工业基地建校的优越条件，院党委经过研究决定，将现有的金属学热处理工业及设备专业改为金属热加工工艺专业，拓宽专业内容，包含热处理和铸造、焊接工艺在内，更好地与生产实际相结合。同时，在学院增设机器制造工艺专业。

1964 年 9 月 5 日

9 月 5 日下午，学院举行了 1964—1965 学年开学典礼。党委副书记张恩起、谢悦毅，学院副院长马西林、胡育德等领导出席，学院各部、系、各总支的负责同志也出席了大会。胡育德副院长和张恩起副书记在会上作了重要讲话。当天晚上，组织新生观看了电影《革命历史歌曲大联唱》。

1964 年 9 月 7 日

为了庄严、隆重、热烈地庆祝中华人民共和国成立 15 周年，学院党委宣传部、院办公室、工会、团委、学生会、行政处等有关部门于 9 月 7 日联合召开会议，研究了有关筹备工作，会议还着重研究了上级党委及学院党委关于国庆 15 周年活动的指示。会议决定了节日期间学院要做的一系列活动，例如：打扫卫生、悬挂彩旗、民兵队伍、文艺队伍等。同时，会议还强调了注意节约、反对浪费的精神。

参加共和国成立 15 周年社会活动

（十六）第一次政治思想工作会议召开

1964 年 10 月 7 日

为了全面深入地贯彻党委“坚决把社会主义教育运动搞深、搞透、搞到底”的学年工作安排，提高政治工作干部的无产阶级思想觉悟和政治水平，10 月 7 日，在党委副书记谢悦毅同志主持下，召开了学院第一次政治思想工作会议。谢悦毅同志传达了薄一波同志在全国工业交通系统政治工作会议上的报告和解放军政治工作经验，指出了学院加强政治思想工作的重要性，这次会议标志着学院政治思想工作进入了一个新的阶段。

1964 年 10 月 10 日

学院共青团第二届代表大会于 10 月 10 日至 13 日举行。出席大会的正式代表 155 人，列席代表 50 人，大会听取了团委副书记赵玉泽同志代表上届团委所作的工作报告，选举了新的团委会，选举了出席市团第九次代表大会的代表并奖励了 4 个四好团支部和 59 名五好团员。党委副书记谢悦毅同志代表党委向大会作了重要指示，大会通过最后决议，号召全院共青团员高举毛泽东红旗，在院党委和上级团委领导下，沿着青年革命化道路，使自己成为德、智、体全面发展的无产阶级革命接班人。

1964 年 10 月 14 日

学院第二届学生代表大会于 10 月 14 至 15 日举行。出席这次大会的学生代表 188 人，代表了全院 1000 多名同学的心愿，学院副院长马西林同志、党委副书记谢悦毅同志和其他领导同志出席了开幕式。韩湘滨同学代表学生会作了《第一届学生会工作总结》的报告。谢悦毅同志和马西林同志分别向大会作了重要指示。大会讨论并选举了第二届学生委员会，命名并奖励了一批五好学生和五好班级。

1964 年 10 月 19 日

学院第二届毛主席著作学习训练班于 10 月 19 日至 24 日开展。参加这次学习的学员是来自全院 6 个单位的 128 名教师和干部，他们主要学习了《矛盾论》，并采取小整风的学习形式。在学习期间，张恩起同志和马西林同志为大家作了如何学习《矛盾论》和活学活用主席思想的重要指示。在学习总结大会上，党委宣传部于长福部长勉励大家回去后一定要把毛泽东思想贯彻到自己的业务中去。通过一周的学习，大家活跃了思想、提高了认识、明确了方向、增强了学好毛主席著作的信心。

1964 年 10 月 23 日

重机系团总支召开了第四届团员大会。重机系党总支杜晓明、王文启同志，团委赵玉泽同志出席了大会，并分别代表党总支、团委向大会作了指示。大会听取了上届委员会的工作报告，选举了第四届团总支委员会。

1964 年 10 月 26 日

学院首批到雅尔塞农场劳动锻炼的 29 名同志于 10 月 26 日下午满载劳动、思想、身体三丰收的丰硕果实胜利返校。这些同志大部分是刚出校门的青年教师、职工和实验员，他们虽然没有劳动经验，但他们积极地改造思想。在下乡中，他们真正放下知识分子的架子，与社员同吃同住，并虚心向老农学习农业技术和劳动技能。一些同志在工作之余还辅导社员学习毛主席著作，讲革命故事，教革命歌曲，等等。

1964 年 10 月 27 日

学院请求一机部三局协助解决学院师生实习问题。学院为了提高 65 级轧钢机械专业应届毕业生在毕业设计上教学与生产相结合和理论联系实际的水平，希望在第一重型机械厂完成毕业设计并参与太钢 2300/1700 钢板轧机配套工程的技术设计工作，特向一机部三局申请协助解决学院师生能在鞍山钢铁公司冷轧厂的实习工作。

1964 年 11 月 4 日

为了进一步推动学院毛主席著作学习运动的开展，于本月 4 日举办了第三期毛主席著作学习班，参加这次培训的 12 名同志都是各教研室的毛主席著作学习骨干或讲师以上的教师。

1964 年 11 月 6 日

为了搞好冬季民兵训练，使学院全体民兵练出一手过硬的杀敌本领，学院武装部与当地驻军部队联系，并聘请了三位解放军同志来学院任教，三位同志不但政治觉悟高，而且都是老兵和五好战士，有较高的军事素养。

11 月 6 日到校后，他们先谈工作，张嘴要任务。几天来，他们进行了备课，详细研究了民兵训练计划和具体的方法步骤，并亲自到训练场地具体安排，他们还解决了学院缺教材和刺杀护具的困难。

1964 年 11 月 9 日

为了认真贯彻中共中央关于干部参加体力劳动的指示，学院于 11 月 9 日安排第二批教师、干部到生产劳动岗位上去参加体力劳动。劳动时间定为一年，许多同志纷纷表示，决心在党的培养与教育下，在主席的思想指导下，以革命的精神在这次劳动中达到劳动和思想的双丰收。

1964 年 12 月 9 日

学院全体同学和部分青年教师于 12 月 9 日参加了武装部、团委、学生会联合举办的纪念“一二•九”运动 29 周年报告会。报告会上，驻军某战士吴永贵同志介绍他带着阶级感情活学活用毛主席著作的经验。会后，同学们表示：要继承和发扬“一二•九”的革命传统，走知识分子革命化道路，做又红又专的革命事业接班人。

1964 年 12 月 15 日

学院机械厂自从 1964 年 6 月份接受一机部试制钢筋调直机的任务以后，学院领导、厂领导和全体职工都非常重视。经过全厂干部、职工和一部分师生的齐心努力，于 12 月 15 日试制成功，经过厂鉴定委员会的初步鉴定，认为完全符合验收大纲规定的技术标准。机械厂在试制过程中克服了许多技术、物质条件上的困难，同时工人同志们在试制过程中不计时间，不讲条件，不计报酬，在最紧张的时候不分昼夜地苦战。

1964 年 12 月 25 日

团委于 12 月 25 日举行了五好团员和五好学生座谈会，总结了一年来的进步并讨论了今后努力的方向。出席座谈会的五好团员和学生共 50 人，副院长马西林同志、团委副书记赵玉泽同志出席了座谈会。在会上，大家畅所欲言地交流了一年来的进步与收获。

1965 年 1 月

学院首批 63 级学生和教师 317 人开始在校当兵两个月。

1965 年 1 月 2 日

早晨，解放军某部一营战士来到了学院，与水机系民兵营进行了一次具有深刻教育意义的新年联欢，通过这次联欢，我们师生永远牢记党的号召“向解放军同志学习”。

院党委听取了轧钢工企两个专业师生关于毕业设计的集体汇报。汇报会上，轧钢教研室赵成壁老师，工企教研室徐征明老师、何志修老师及一部分学生比较详细地向党委汇报了前两个月结合生产劳动进行毕业设计的情况。打破旧框框，实行毕业设计与生产劳动相结合。

1965 年 1 月 7 日

水机系党支部召开部分教师座谈会，座谈社会主义教育收获。

院党委举行第三次党委（扩大）会议，深入学习了毛主席对教育工作的指示精神，学习了高教部直属高等学校（扩大）理工科教学工作会议、一机部上海教育工作会议及省大专院校教学工作会议的相关文件。号召师生职工深入学习毛主席对教育工作的指示精神，广泛讨论并积极开展教育革命和教学改革工作。

1965 年 1 月 12 日

学院召开第二十二次院务委员（扩大）会议。会议上听取了轧钢、数学教研室教改情况汇报，讨论了下学期教学工作安排。深入开展教育革命，废止注入式教学方法，迎接教育革命的新高潮。

1965 年 1 月 18 日

全院干部、部分教师以十分悲痛的心情参加了杨成林同志的追悼会。

1965 年 1 月 31 日

学院党委召开了全员复员转业军人座谈会。党委马西林、刘言克等同志参加了此次座谈会。马西林同志指出坚持四个第一，发扬三八作风和三大民主，向解放军学习，做坚强的无产阶级革命接班人。

1965 年 2 月 1 日

本学期 32 门考试课程 30 门实行了开卷考试，扭转了死记硬背的学习方式，减轻了学习负担。

（十七）决定水机系师生将全部迁往兰州

1965年2月9日

根据一机部决定，水机系师生将全部迁往兰州。

1965年3月8日

“三八”妇女节，学院召开全院女教职工座谈会。会上，党委委员杜晓明同志向全院女教职工讲了当前形势，并号召全院女教职工要高举毛泽东思想红旗，大学毛主席著作，积极参加社会主义教育，不断提高思想觉悟，在今后的教学改革中贡献自己最大的力量。

1965年3月13日

团委组织忆苦思甜报告会。在团委组织下，全院同学于3月13日下午参加了某厂老工人钟同顺同志的家史报告会。会后，绝大多数班级组织了座谈讨论。

1965年3月中旬

学院举行第十一次党委（扩大）会议。为贯彻执行黑龙江省大学生工作会议精神，学院举行第十一次党委（扩大）会议，由出席省大学工作会议的马西林同志、刘言克同志传达省委王一伦书记的指示、孙西岐副省长所作会议总结报告的精神及整个会议精神，并联系学院情况，反复讨论，制定了党委1965年工作纲要。

1965年3月20日

中共东北重型机械学院委员会颁布了《一九六五年工作纲要》。要高举毛泽东思想红旗，突出政治思想工作，提高教学革命工作的质量。

1965年3月21日

学院政治部于3月21日邀请某部晋主任来院介绍长沙政治学校的革命学风。他以生动的事实介绍了长沙政治学校的主要办学经验。

1965年4月5日

学院63级学生当兵两个月顺利结束。通过当兵学生们受到一次深刻的阶级教育，亲身体验了解放军的军事生活，学生们在思想作风、军事等方面得到了锻炼。结束后，评选出3个四好排、9个四好班、140名五好战士。

1965 年 4 月 6 日

学生党总支、团委联合召开了学习毛主席著作经验交流会，掀起更大更广泛地学习主席著作新高潮。

学院出席黑龙江省首届学生代表大会。4 月 6 日下午，团委、学生会联合举行会议，由学院出席第一届学代会的王玉珠同学向学生们传达了这次会议精神。

1965 年 4 月 14 日

团委副书记赵玉泽同志向全院青年教职工传达了共青团中央军体会议精神。这次会议号召全国青年在最近要广泛开展一个以军事体育为主要内容的十项军体活动。

1965 年 5 月 1 日

全院师生职工举行各种集会庆祝五一纪念五四，把抗美援朝的积极性贯穿到教学和各项工作中去。

1965 年 5 月 4 日

马西林同志在纪念“五四”大会上发表重要讲话，号召活学活用毛主席著作，以红带专教好学好工作好。

1965 年 5 月 7 日

全院师生广泛开展军事体育活动。5 月 7 日晚，教师党总支组织教师进行了一次夜行军活动。

1965 年 5 月 10 日

图书馆增设基础课和政治阅览室。

化机 60 级学生与工人合作设计和试制带压接管机获得成功，为某厂解决了一项重大生产关键问题。

1965 年 5 月 16 日

团委组织同学到市内参观主席著作学习经验展览会，去时进行了一次长途行军活动。

1965 年 5 月 20 日

由市青年学习主席著作积极分子李杰、琚翠兰、焦玉芬 3 位同志组成的报告团，在团市委宣传部马莉同志率领下来学院作报告。全体员工认真听取了李杰等3位同志的经验介绍，受到很大启发和教育，对学院进一步开展毛主席著作学习起到了促进作用。

1965年5月29日

孙西岐副省长来院视察。孙副省长在学院张永会等同志的陪同下参观了学院机械厂、轧钢实验室等单位。视察后，听取了学院的工作汇报，并且对学校的教育革命、高举毛泽东思想红旗、突出政治、民兵训练等问题作了重要指示。

1965年6月5日

学院政治部召开了全院师生职工毛主席著作学习经验交流会。马西林同志在会上讲话，7名同志介绍了他们活学活用主席著作的经验。学习和运用毛主席著作，贯彻毛主席对教育工作的指示精神，是学校一切工作的出发点和奋斗目标。

1965年6月7日

学院实验室积极承担工农业产品测试工作。为工农业生产服务，为社会主义建设服务。它是把学校教学与科学研究同生产实践密切结合起来的一条重要途径。

1965年

机械厂热处理小组采用火焰淬火器获得成功。学院机械厂热处理小组和工人、教师合作采用火焰热处理的方法淬火取得了成功。经过反复试验，生产工艺稳定，已正式应用于生产，为学院机械厂解决了一项调直机零件局部热处理的关键问题。

轧钢60级同学和工人大胆合作革新以胶木瓦代替铜瓦，为工厂解决了一项“老大难”问题。

1965年6月13日

在齐齐哈尔市文教卫生职工运动会上，学院代表队获男子组团体总分第一名。

公社武装部于 6 月 13 日组织各单位 200 多民兵横渡嫩江。学院有 40 余名学生和教职工参加了这次渡江活动。他们在毛主席伟大号召的鼓舞下，不惧风浪，不怕水凉，34 人乘风破浪，顺利到达了嫩江东岸。

（十八）增设机制及铸造两个专业

1965 年 6 月 16 日

水机系师生离院赴兰州。

水利石油机械系迁往甘工大前留影

高等教育部批复学院规模改为 1600 人，增设机制及铸造两个专业。机制专业本年度招生。

1965 年 6 月 18 日

学院自制教具模型展览会正式开放。在教育革命教学改革运动中，学院广大教师，实验员认真贯彻毛主席的指示，学习解放军的经验，自制了大批教具模型。为进一步总结和交流经验，促进学院教育革命教学改革的深入发展，由教务处筹办了自制教具模型展览会。

1965 年 6 月 22 日

学院召开第二次教学经验交流会。内容有教学改革（包括讲课方法、考试方法）、实验室建设、自制教具和如何指导毕业设计等。交流会分段进行，到 7 月下旬结束。

1965 年 6 月 27 日

学生教工男子篮球赛胜利结束。5 月末，院武装部体育教研室和学生会组织了学生男子篮球比赛活动。在学生篮球赛之前，院工会组织了教工男子篮球比赛，共有 8 个队参加，进行了 16 场比赛，机械厂队在比赛中保持全胜最后获得冠军。

1965 年 6 月 30 日

七一前夕，学院 32 名青年入团。

1965 年 7 月 1 日

学院举行各种会议庆祝党的生日，继承党的革命传统，发挥党的优良作风。

1965 年 7 月 4 日

学院 193 名教职员工和学生，根据院党委安排于 2 月前往近郊春光等 14 个生产队参加农村社会主义教育运动，于 7 月 4 日全部返回学校，受到马西林等同志和广大同学的热烈欢迎。在农村社教运动中，他们受到了锻炼，提高了认识。

1965 年 7 月 7 日

电子模拟计算机试制成功。3 月中旬，工企 60 级计算机毕业设计小组的 6 名同学试制成了电子模拟计算机的供电电源和电子稳压器及其显示装置，并于 6 月初装成了 DMJ 模拟式计算机，经过一个时期的使用证明性能良好。

1965 年 7 月 14 日

一机部技术委员会主任江泽民同志来学院视察工作，对学院建设表示满意，并对学院今后的科研工作作了指示。

一机部技术委員会主任
江澤民同志来我院視察工作

【本刊訊】七月十四日下午，第一机械工業部技术委員会主任江澤民同志等一行三人，来我院視察工作，馬西林等同志向江主任彙报了学校情況，江澤民同志对学院的工作十分关心，对学院建設过程中得到工厂帮助表示滿意，并贊許学校的教学科研和工厂生产相結合。在詳細檢查了正在进行科学研究的几个有关实驗室后，对学院今后的科研工作作了指示。

（本刊記者）

江泽民同志（左二）来学院视察工作

学院第三届学生代表大会召开，当日下午5时胜利闭幕。大会开幕后，由上届学生会副主席徐春代表上届学生会作了题为“听毛主席的话，生动活泼地学习”的工作报告，总结了一年的工作，提出了今后的工作任务。谢悦毅同志向大会作了指示。全体学生认真听取了谢书记的指示和大会的报告，回去后向各班学生传达。

1965年7月17日

申请调拨给重机学院250轧钢机。1959年第一重机厂和东北重型机械学院共同设计了250轧钢机。因当时重机学院不搞生产，轧钢机留在重机厂生产。现重机厂已不使用，重机学院正搞教学结合生产。经厂、校协商，同意将第一重机厂现有的250轧钢机调给重机学院，以利学生生产劳动。

1965年7月18日

某厂五好工人单昌同志来院访问，由轧钢教研室副主任朱之超、王克明同志陪同参观了轧钢实验室，并与教研室同志畅谈他对毕业设计的看法和对学院毕业生的要求。

1965年7月20日

第一重机厂举行座谈会，欢送学院锻压专业在该厂进行毕业设计的29名师生。石明副厂长和学院党委副书记谢悦毅同志出席会议并先后讲话。厂领导和工人为学生创造毕业设计的良好条件，帮助学生红专丰收，并对师生给予表扬和鼓励。

1965年7月26日

学院第二次教学经验交流会经过一个阶段的休会后复会。聂毓峰同志作了关于启发式教学、毕业设计改革和教师革命化方面的总结报告。于 29 日胜利闭会。

1965 年 8 月 11 日

学院隆重举行第七届毕业典礼。齐齐哈尔市程副市长，某钢厂、第一重机厂的领导同志和工程技术人员、工人参加了大会。程副市长、某钢厂马迪章副总工程师和第一重机厂工人孙立训同志在会上讲话。党委副书记谢悦毅同志勉励毕业生继续活学活用毛主席著作，坚持和工农结合，向工农学习。

1965 年 8 月 12 日

轧钢 60-1 班与 64-1 班举行交接班风座谈会。

1965 年 9 月 1 日

学生指导员办公室召开 65 级新生座谈会。学生们畅谈了考入大学后的感想和远大抱负。他们一直表示在大学期间既要努力学习毛主席著作，加强思想改造，实现思想革命化，又要奋发图强为革命认真读书，成为又红又专的德、智、体全面发展的革命接班人。

1965 年 9 月 2 日

经一机部教育局同意，党委决定恢复建立原重机系、自控系、基础课学听委员会及 3 个单位的党总支部。新成立的机械制造系设直属党支部。

1965 年 9 月 3 日

学院政治部举办图片资料展览会，纪念抗日战争胜利 20 周年。

1965 年 9 月 4 日

第一机械工业部沈鸿副部长来院视察工作。沈副部长听取了前一段时期的工作汇报，并参观了学院机械厂和部分实验室。最后，对学院科研、生产、实验室建设等工作作了许多重要指示。

学院举行了 1965—1966 学年开学典礼，院党委副书记谢悦毅同志作了形势和任务的报告。

1965 年 9 月 5 日

学院工会和居民委员会成立民办托儿所。从革命利益出发，解决群众困难。

1965年9月7日

学院颁布了《关于学生总活动量的暂行规定》。

1965年9月9日

学院第二批学生（64、65级两个年级）495人与部分教师干部参加两个月的当兵活动。

1965年9月23日

团委召开会议安排课外活动，减轻学生负担，搞好劳逸结合。

1965年10月1日

学院千余人参加国庆集会和游行活动。高举毛泽东思想红旗，深入开展教育革命和教学改革。9月29日，政治部与宣传部请谢悦毅、马西林、胡育德等院领导，分别为学生、干部、教师和工人作了形势报告。9月30日晚，学院工会、团委、学生会举行了大型文艺晚会。

1965年10月9日

在富拉尔基举行了为期3天的甲级篮球比赛，学院取得了良好成绩。

在党委领导下同样组成了半工半读领导小组。经过半年的筹备，已经制订了半工半读教育计划。65级新生在入学教育后，9月13日开始入厂劳动。为给半工半读创造有利条件，并在实践中锻炼自己的技术队伍，学校实习工厂试制成功了一台C618K-1型车床。

1965年10月11日

教工男子乒乓球赛胜利结束。

行政管理处创办的双职工食堂开伙。

1965年10月20日

学院64、65级学生当兵胜利结束后返校，并于25、26日举行当兵总结大会。

1965年10月22日

中共东北重型机械学院颁布了《关于进一步办好校刊的决定》。今年10月15日是校刊创刊两周年。政治部召集有关同志开了一次会议。会上，听取了校刊编辑室同志关于两年来工作总结的报告，与会同志就加强校刊工作、提高校刊质量问题进行了讨论，并做了决定。

1965 年 10 月 23 日

驻军某部战士演出队来院演出。

1965 年 10 月 25 日

共青团齐齐哈尔市委召开第九次代表大会，学院 15 名代表出席了会议。章林同志代表市委在会上作了指示，大会听取了市武装部副部长张格凡同志的重要报告，团市委副书记张洪友同志代表上届委员会作了工作报告。会议期间，学院代表就大会的报告和学院团的工作进行了充分的讨论。

1965 年 10 月 30 日

30 日晚上，物理教研室女排主场对战服装厂女排，险胜客队。她们打出了水平，打出了风格。

以教改为中心的指示，921 教研室教师与 6192 班学生共同努力，实行了启发式和少而精的教学，收到了良好的效果。

1965 年 11 月 6 日

政治部、宣传部举行了全院教职工理论政策学习讲用会。学院副院长胡育德同志出席了讲用会，并在会上作了总结。

电子仪器课第一单元理论课结束后，教师安排了一次电子仪器检修。结束后，学生们普遍反映此次实验收获大，不仅为学校节约大量修理费用，更重要的是使学生们学到了真本领。

1965 年 11 月 13 日

学院政治部召开了全院师生职工学习王杰同志活学活用毛主席著作、不怕苦不怕死、一心为革命的动员大会。号召全院师生职工，以王杰为榜样，向王杰那样活学活用主席著作，树立无产阶级世界观，以王杰不怕苦不怕死、一心为革命的精神搞好教学和其他工作。

1965 年 11 月 14 日

上午，学院举行了第三届环校越野接力赛，群众性空前广泛，是因为长跑运动在学院有着广泛的群众基础。期间涌现了 4 名热血不留姓名的活雷锋帮忙铲冰。

1965 年 11 月 15 日

学院共青团委员会召开了向王杰同志学习座谈会。

1965 年 11 月 19 日

学院机械厂召开坚决完成 1965 年国家计划誓师大会。会上，李振中副厂长向全厂职工作了生产情况的报告。党支部书记王强同志作了动员报告。工会主席郭焕同志代表全体职工表示坚决响应党的号召。

1965 年 11 月 20 日

学院政治部召开全院师生大会。会上，副院长胡育德同志对学院如何贯彻主席“七三”指示作了报告。

1965 年 11 月 24 日

学院颁布了《关于开展群众性冰上等运动的通知》。

1965 年 11 月 25 日

学院举行开展冰上运动等运动动员大会。

1965 年 12 月 1 日

学院团委举办四好团支部图片展览会。

1965 年 12 月 2 日

下午，学院举行文娱活动积极分子联欢会，李廉泉和李晴同志在会上讲话。

1965 年 12 月 4 日

制图教研室在本学期的教改中，着重清理了理论脱离实践的思想影响。本着学以致用的原则，新的制图课从“画”出发，以简单体为主等。

为了让学生综合运用所学理论，解决生产实际问题，在“传热学”课程结束时，安排了一个“确认空气对翅片管放热系数”的工业性实验。

大庆油田建设设计研究院近日给学校领导来信，表扬了化学教研室教师黄荣泰。来信说黄荣泰老师来其院协助搞实验期间，积极热情，一直坚持亲自动手参加实验，希望同学院有更好的协作。

1965 年 12 月 8 日

学院师生举行集会，纪念“一二·九”运动 30 周年。学院副院长马西林同志发表重要讲话：发扬“一二·九”运动革命精神，树立全心全意为人民服务的世界观，发挥青年学生的革命作用。

1965 年 12 月 11 日

学院召开了备战动员大会。党委副书记谢悦毅同志作了报告。他号召全院师生职工认清帝国主义的侵略本质，密切注意越南局势的发展，以备战为动力做好各项工作。

1965 年 12 月 12 日

学院举行学生冬季越野赛，大力开展冬季体育运动。

1965 年 12 月 17 日

学院党委召开第四十四次会议，讨论 1966 年工作计划要点。会议通过了党委 1965 年总结，讨论并通过了 1966 年党委计划要点。会议确定学院 1966 年的主要任务是：高举毛泽东思想伟大红旗，进一步贯彻毛主席对教育工作的指示，以阶级斗争为纲，以两条道路为纲，以备战为动力，继续深入地开展教育革命、教学改革，确实解决学生负担过重问题，安排好师生参加城乡“四清”运动，突出政治，大学主席著作，落实四个第一，加强组织建设，用“四清”精神把教育革命进行到底。

1965 年 12 月 19 日

热烈响应体育委员会的号召，学生们踊跃参加了第二届全校冬运会的各项比赛。此次冬运会内容丰富、国防性强，广大学生表现出了高度的政治热情和顽强意志。李东波副校长在颁

东北重机学院参加农村四清运动的师生胜利返校合影

奖大会上发言。

1966年1月15日

1966年为学院研究生招生最多的一年，因此成立的研究生招生委员会召开了会议，讨论研究生招生工作。

1966年1月27日

学院党委召开了第二次党委扩大会议。会上传达了市委全会（扩大）精神、一机教育部对学院工作的指示，学习了《矛盾论》等主席著作。在提高认识的基础上，分析了学院的形势，找出了与大庆的主要差距，初步制定了学院学大庆赶大庆的奋斗目标。

1966年2月11日

学院召开了1965年度先进五好评比鼓励大会。

1966年2月17日

2月17日以来，党委先后召开四次扩大会议，学习毛主席的好学生——焦裕禄同志的光辉事迹。用主席思想为指导，以焦裕禄的先进事迹为镜子，对照检查自己，开展了批评与自我批评。

1966年2月23日

学院举行了《毛主席语录》授书大会。

1966年3月2日

学院政治部举行了学习毛主席经验报告会。数学教研室李克修同志向全院师生职工介绍了他学习毛主席著作、坚持思想改造、为学生服务、向学生学习的经验。院党委副书记谢悦毅同志在会上讲了话，总结了学院最近学习毛主席著作的情况，并就如何向李克修同志学习作了指示。

1966年3月5日

为更好地突出政治，学习解放军的经验，学校自去年以来，在全校开展了“四好”运动。一年来，已显示其重大作用。此日，公布优秀名单，颁发奖状，以资鼓励。

1966年3月8日

学院女教师、学生、职工集会纪念“三八”妇女节。

1966 年 3 月 23 日

丁义同志来学院作回忆对比报告。

1966 年 3 月 25 日

某钢厂业余文艺表演队一行 18 人在厂工会副主席石长江同志的率领下来学院作慰问演出。

在市工人文化宫召开了齐齐哈尔市 1965 年度文教系统先进集体，先进工作者命名奖励大会。学院 6 个部门 27 名同志被命名为先进集体和先进工作者，李克修同志被命名为市文教系统先进工作者标兵。

1966 年 5 月 1 日

全院师生员工集会欢庆“五一”国际劳动节。

1966 年 5 月 4 日

学院青年教职工和全体在校学生隆重举行集会，纪念“五四”运动 47 周年。继承和发扬“五四”运动的革命传统，掀起一个更大更广泛地学习毛主席著作的新高潮。

《人民日报》第四版，发表了由团中央学校工作部、团哈尔滨工业大学委员会联合工作组写的文章，题为“一个突出政治，活学活用毛主席著作的学校团支部”，副标题为“哈尔滨工业大学六二二四班团支部工作经验”。

1966 年 5 月 8 日

学院第四届学生代表大会胜利闭幕。会上命名并奖励 7 个五好班级、129 名三好学生，表扬了 8 个社会活动先进集体、9 个较好班级、93 名社会活动积极分子、8 个五好宿舍。党委副书记谢悦毅同志向大会作了指示。学生会主席冷殿君同志向大会作了题为“高举毛泽东思想伟大红旗，沿着红专健道路奋勇前进”的工作报告。

1966 年 8 月 5 日

中共齐齐哈尔市委宣布驻院工作组撤销，暂作联络工作。

1966 年 8 月

中共齐齐哈尔市委批准学院成立临时党委筹备小组（即后五人小组）。

1966 年 8 月 20 日

以学生为主体成立了“东重文革临时指挥部”和“东重红卫兵总部”。

1966 年 10 月 10 日

学院“红卫兵”和部分师生代表赴京，接受毛泽东主席的检阅。

1967 年 1 月 26 日

学院部分“造反派组织”参加齐齐哈尔市夺权并在学院进行夺权，成立了实质上由东重革命造反兵团总部领导的“东重临时接管委员会”。

1967 年 3 月 8 日

由 3063 部队派出的解放军毛泽东思想宣传队进驻学院，张国太任队长。

1967 年 10 月

中共中央、国务院、中央军委、中央文革发出《关于大、中、小学校复课闹革命的通知》，学院按照通知精神举行了复课闹革命开学典礼大会。由于学院此时仍为一派掌权，而且两派武斗不止，复课未能坚持下去。

1968 年 3 月 6 日

清理阶级队伍工作开始，临时接管委员会下设彻查组，下面各单位也成立了彻查小组。

1968 年 5 月 13 日

“东重革命造反兵团”和“东重红色造反团”实现了“革命大联合”。

1968 年 7 月 9 日

齐齐哈尔市革命委员会下达齐革委字〔1968〕1409 号文件，批准成立东北重型机械学院革命委员会筹备小组（简称革筹小组）。

（十九）革命委员会成立

1968 年 8 月 15 日

省革命委员会发出龙江革委字〔1968〕394 号文件，批准东北重型机械学院成立革命委员会。革命委员会由 17 人组成。

1968 年 8 月 16 日

学院举行革命委员会成立大会。

1968 年 8 月 30 日

第一重型机器厂组成的工人毛泽东思想宣传队约 80 人进驻学院。

1969 年 1 月 10 日

学院首批教师、干部 40 余人下放到学院“五七干校”劳动。

1969 年 3 月 15 日

在第一重型机器厂职工电影院召开第一重型机器厂厂办东北重型机械学院光荣诞生庆祝大会。

1969 年 5 月 23 日

第一重型机器厂 22 名工人参加学院“工企试验班”学习，学制 2 年半。

1969 年 12 月 1 日

第一机械工业部军管会发出〔1969〕一机军政字 1178 号文件，把东北重型机械学院移交给黑龙江省革命委员会领导。

1970 年 2 月

学院聂毓峰等 35 名首批插队职工到齐齐哈尔市梅里斯区大八旗哈大队插队落户（于 1972 年 2 月返校）。

1970 年 4 月 28 日

中共齐齐哈尔市核心小组发出齐核发〔1970〕37 号文件，批准建立中共东北重型机械学院核心小组。

（二十）增设冶炼专业

1970 年 10 月 22 日

学院革命委员会决定，除现有的轧钢、锻压、机器制造、金属学及热处理、工业自动化 5 个专业继续办下去外，增设冶炼专业（1973 年改为冶炼设备专业）。

1970 年 12 月

“一打三反”运动开始。

1970 年 12 月 23 日

中共齐齐哈尔市核心小组决定：王盈州任中共东北重型机械学院核心组副组长。

1971 年 12 月 8 日

齐齐哈尔市核心小组转发中共黑龙江省委通知：决定马西林任东北重型机械学院革委会副主任。

1972 年 4 月 27 日

中共齐齐哈尔市委常委决定：王盈州、谢悦毅、胡育德任东北重型机械学院革委会副主任。

（二十一）首批工农兵学员入学

1972 年 5 月 7 日

首批 342 名工农兵学员入学，学院举行开学典礼。

1972 年 6 月 27 日

学院党的核心小组召开扩大会议进行整风，57 人参加会议，7 月 18 日会议结束。

郭久长

1972 年 10 月 24 日

中共黑龙江省委常委会决定，任命郭久长为东北重型机械学院党委书记兼革命委员会主任。

1972 年 12 月 2—3 日

东北重型机械学院第二次党员大会召开。大会选出学院第二届委员会成员 20 人。

1972 年 12 月 4 日

中共东北重型机械学院第二届委员会第一次全体会议通过《加强党的一元化领导，发扬党的优良作风》的决议。

20 世纪 70 年代后期学校的领导班子

1972 年 12 月 8 日

中共黑龙江省委员会下达龙发（1972）284 号文件：批准郭久长等 20 人

为中共东北重型机械学院第二届委员会委员。郭久长为中共东北重型机械学院委员会书记。马西林、王盈州、谢悦毅为副书记。

1972 年 12 月 19 日

为了解决学院教职员工子弟的上学问题，学院拟成立子弟学校一所（全日十年一贯制），准备寒假后开学，申请教育局批准建校，要求教育局对学院子弟学校加强领导，并希望协助解决师资、物资以及教材问题。

1972 年 12 月 27—28 日

召开共青团东北重型机械学院第三次大会，选举共青团东北重型机械学院第三届委员会，共选出 12 名委员。

（二十二）学院机构调整

1973 年 2 月 22 日

学院党委下发文件《关于学院机构调整的决定》（东重发〔1973〕9 号）。调整后的学院所辖机构是：一、院机关设 2 部 2 办 3 处，即政治部、武装部、院办公室、基建办、教务处、生产设备处、行政管理处。二、学院直属单位为 3 系 1 厂，即重型机械系、冶金机械系、自动控制系、院机械厂。三、党委下设 4 个总支和 7 个直属支部。

1973 年 3 月 17 日

学院申请液压轧机的研究列入国家科研项目。学院根据 1965 年钢板连轧机会议决议，承担了带钢自动对中和辊型自动调节两项科研任务，第一项于 1966 年完成实验室阶段研究工作，但第二项并未作大量工作。学院拟将人力、物力从辊型自动调节转入液压轧机的试验研究，并将上述两项的科研经费 5 万元的结余部分转入液压轧机的研究。

1974 年 2 月 4 日

学院党委召开师生员工大会，传达“批林批孔”文件，并成立了“批林批孔”办公室。

1974 年 3 月 19 日

学院党委作出《关于选派工农兵学员参与学院各部门管理工作的决定》，抽调 22 名工农兵学员代表参加各部门管理。

1974 年 3 月 30 日

学院党委召开师生员工大会，传达龙发〔1974〕46 号文件和总结前段整风情况。文件刚一传达完，共青团委负责人派学生会主席主持大会，并且组织师生员工上台批判 46 号文件，改变了会议内容，并号召和组织师生员工上街游行示威。

1974 年 4 月 29 日

学院党委常委决定撤销政治部，把学院办公室分开，设党委办公室和学院办公室。

1975 年 4 月 8 日

学院轧钢专业承担 700 带钢轧机纵剪机组设计。根据 1974 年 12 月由一机部委托山西省机械局和太原重机厂、冶金部委托天津市冶金局在天津召开的“700 毫米半连续式热轧带钢车间设计任务书及工艺方案审查会议”纪要的规定“天津市轧钢一厂新建 700 毫米半连续式热轧带钢车间的纵剪机组由一机部委托东北重型机械学院负责设计”，学院轧钢专业接受了该纵剪机组的设计任务。

1975 年 4 月 21 日

学院为一机部钢丝绳设备制造厂开办制绳设备培训班。一机部、冶金部于今年 2 月 25 日至 3 月 8 日在北京召开了拉丝制绳技术规划和安排会议，会议要求学院承担为一机部 7 个钢丝设备厂开办制绳设备培训班。学院同意承担此项任务并得出一致意见。

学院冶炼设备专业承担新型高炉炉顶模拟实验研究项目。根据马根华工程师的意见，学院与第一重机厂合作，首先搞炉顶部分的实验研究，设计组已于 4 月 7 日组成并开始工作。根据各方面的意见，拟无料钟型式的炉顶结构有关的控制问题由天传所配合，实验工作在东重冶炼设备实验室进行。预计今年 9 月前完成初步计划，1976 年完成制造，1977 年完成安装实验。还设想 1978 年能进行工业实验，1980 年前用于较大高炉生产。

1975 年 6 月 19 日

根据国务院关于国家机关工作人员福利费掌管使用的暂行规定的通知

精神，经院革命委员会批准成立院福利委员会，负责全院福利费的掌管和使用。福利委员会由17人组成，由各单位选派一人参加委员会，办公室设在工会筹委会办公室。

1975年6月30日

中共齐齐哈尔市委常委决定：李鹏令任学院党委常委、院革命委员会副主任。

1975年9月2日

学院接受ck—系列机的过程通道系列化研究试制任务。学院经过讨论研究，决定接收ck—系列机的过程通道系列化研究试制任务，为我国控制机系列化贡献一些力量。准备把控制机专业教师投入研制工作，并由学院电工厂、专业实验室等基地参加试制生产。

1975年11月5日

中共黑龙江省委常委决定：涂吉昌任东北重型机械学院党委副书记（列谢悦毅前）。

1975年11月31日

中共齐齐哈尔市委常委会决定：马奔任学院党委委员、院革委会副主任（列王珏前）。

1975年12月11日

学院举办冶金、轧钢的控制机和液压两个训练班。省文教办和省教育局对学院十年规划发展意见中，要求学院筹建工业控制机和液压传动两个专业。学院党委同意省办、局的指示意见，并决定1976年起招收普通班学员。

1976年1月3—5日

学院党委全委会讨论教育界所谓的“奇谈怪论”在学院的反映，开展教育革命大辩论，决定办8天学习班。

1976年2月

姜明镜到学院任革委会副主任。

1976年4月8日

召开学院教育革命成果汇报会。

1976年6月7日

在学生中开展同工农画等号的教育活动。

1976年7月6日

学院派出的赴朝阳农学院学习参观团，向党委常委汇报到朝阳农学院等地的学习情况。

1976年7月7日

学院召开全院师生员工大会，传达朝阳农学院的办学经验。会后讨论“学朝农”的问题。

1976年9月1日

学院举办批判“三株大毒草”学习班，并召开全院批判大会。1976年8月23日，在江青反革命集团授意下，《人民日报》发表社论：《抓住要害，深入批邓》，把《论全党全国各项工作的总纲》《关于科技工作的几个问题》《关于加快工业发展的若干问题》三篇文章，诬为是“邓小平授意炮制的‘三株反党、反马克思主义的大毒草’”，号召全国开展群众性的大批判。很多师生员工提出异议和抵制。

1976年9月9日

全院师生员工哀悼毛主席逝世。

1976年10月

党中央政治局执行党和人民的意志，毅然粉碎了江青反革命集团，我国从此进入百废待兴的历史新时期，东北重型机械学院也进入了一个新的历史阶段。

1976年10月23日

全院师生员工及家属到富拉尔基车站广场参加全区举行的庆祝粉碎江青反革命集团大会，会后参加了庆祝游行。

1976年12月31日

黑龙江省革命委员会决定将学院划归黑龙江省机械局主管（机械局主要负责行政管理、计划财务、劳动工资、基建、教学、科研、生产等工作）。

1977 年 1 月 3 日

中共黑龙江省委常委决定，免去谢悦毅党委副书记职务。

1977 年 1 月 8 日

学院召开群众大会，隆重纪念周恩来总理逝世一周年。

1977 年 6 月 8 日

学院召开联系实际揭批江青反革命集团篡党夺权罪行大会。

（二十三）液压传动及控制专业成立

1977 年 7 月

经一机部批准，学院成立液压传动及控制专业，重点研究重型机械的液压传动及控制系统，为提高重型机械的装机水平服务。

1977 年 7 月 11 日

中共齐齐哈尔市委常委讨论同意，聂毓峰、翁瑞亭任学院革委会副主任。

1977 年 11 月

根据中共中央批示精神，工宣队撤出学校。

1977 年 11 月 25 日

马西林调离学院。

1977 年 11 月 30 日

学院召开全院批判大会，批判“两个估计”。

1977 年 12 月 19 日

中共齐齐哈尔市委常委决定，李雨任学院革委会副主任，朱之超任院党委常委、革委会副主任。中共黑龙江省委常委同意，李雨任学院党委副书记。

1978 年

56 名新党员进行宣誓，被表彰人员代表进行发言，院纪检委书记甄殿发传达了中共中央〔1978〕五号文件。

1978 年 1 月 12 日

院党委常委会决定恢复各基础课、专业课教研室和实验室，并任命了各教研室和实验室的主任、副主任。院党委决定在各系成立政治处，并任命了各系政治处主任。院党委常委决定成立轧钢自动化研究室，并任命了研究室主任、副主任。

1978 年 2 月 2 日

中共齐齐哈尔市委常委决定彭涛任学院革委会副主任（列李雨前）。

1978 年 2 月 6 日

中共黑龙江省委常委决定彭涛任学院党委副书记（列李雨前）。

（二十四）国务院批准学院为全国重点院校

1978 年 2 月 17 日

成立仅 20 年的东北重型机械学院被国务院批准为全国重点大学。喜讯传来，全校一片沸腾，师生欢欣鼓舞。晚上，学院的全校师生自发地聚集在一起，敲锣打鼓、放鞭炮来纪念学校历史性的一刻。

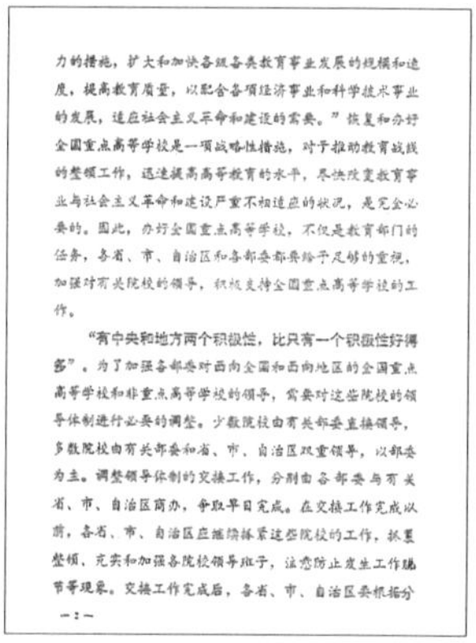

力的措施，扩大和加快各级各类教育事业发展的规模和速度，提高教育质量，以配合各项经济事业和科学技术事业的发展，适应社会主义革命和建设的需要。”恢复和办好全国重点高等学校是一项战略性措施，对于推动教育战线的整顿工作，迅速提高高等教育的水平，尽快改变教育事业与社会主义革命和建设严重不相适应的状况，是完全必要的。因此，办好全国重点高等学校，不仅是教育部门的任务，各省、市、自治区和各部委都要给予足够的重视，加强对有关院校的领导，积极支持全国重点高等学校的工作。

“有中央和地方两个积极性，比只有一个积极性好得多”。为了加强各部委对面向全国和面向地区的全国重点高等学校和非重点高等学校的领导，需要对这些院校的领导体制进行必要的调整。少数院校由有关部委直接领导，多数院校由有关部委和省、市、自治区双重领导，以部委为主。调整领导体制的交接工作，分别由各部委与有关省、市、自治区商办，争取早日完成。在交接工作完成以前，各省、市、自治区应继续抓紧这些院校的工作，抓紧整顿、充实和加强各院校领导班子，注意防止发生工作脱节等现象。交接工作完成后，各省、市、自治区要根据分

—2—

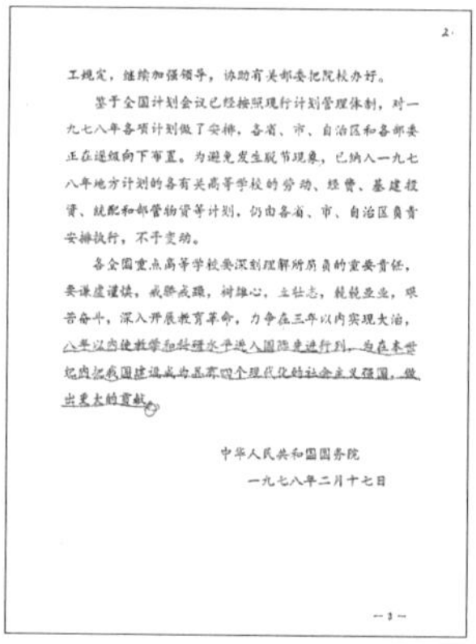

2·

工规定，继续加强领导，协助有关部委把院校办好。

鉴于全国计划会议已经按照现行计划管理体制，对一九七八年各项计划做了安排，各省、市、自治区和各部委正在逐级向下布置。为避免发生脱节现象，已纳入一九七八年地方计划的各有关高等学校的劳动、经费、基建投资、统配和部管物资等计划，仍由各省、市、自治区负责安排执行，不予变动。

各全国重点高等学校要深刻理解所负的重要责任，要谦虚谨慎，戒骄戒躁，树雄心，立壮志，兢兢业业，艰苦奋斗，深入开展教育革命，力争在三年以内实现大治，八年以内使教学和科研水平进入国际先进行列，为在本世纪内把我国建设成为四个现代化的社会主义强国，做出更大的贡献。

中华人民共和国国务院

一九七八年二月十七日

—3—

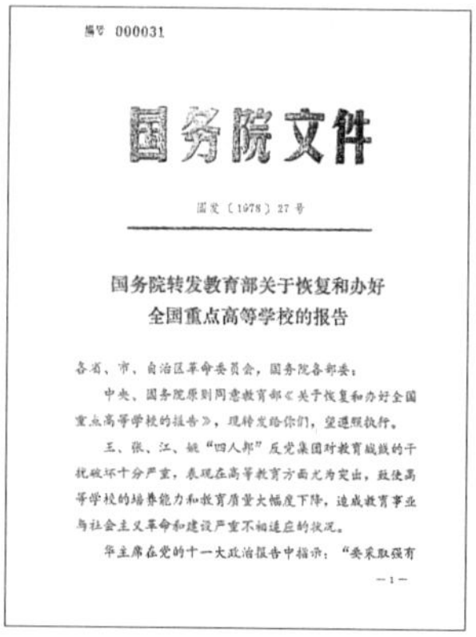

编号 000031

国务院文件

国发〔1978〕27 号

国务院转发教育部关于恢复和办好全国重点高等学校的报告

各省、市、自治区革命委员会，国务院各部委：

中央、国务院原则同意教育部《关于恢复和办好全国重点高等学校的报告》，现转发给你们，望遵照执行。

王、张、江、姚“四人帮”反党集团对教育战线的干扰破坏十分严重，表现在高等教育方面尤为突出，致使高等学校的培养能力和教育质量大幅度下降，造成教育事业与社会主义革命和建设严重不相适应的状况。

华主席在党的十一大政治报告中指示：“要采取强有

—1—

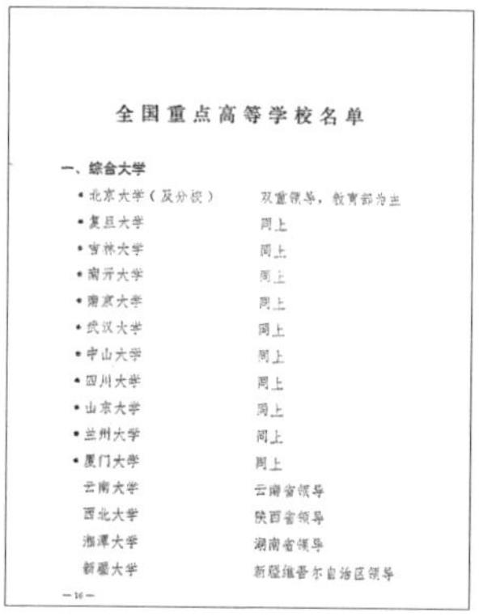

全国重点高等学校名单

一、综合大学

• 北京大学（及分校）	双重领导，教育部为主
• 复旦大学	同上
• 吉林大学	同上
• 南开大学	同上
• 南京大学	同上
• 武汉大学	同上
• 中山大学	同上
• 四川大学	同上
• 山东大学	同上
• 兰州大学	同上
• 厦门大学	同上
云南大学	云南省领导
西北大学	陕西省领导
湘潭大学	湖南省领导
新疆大学	新疆维吾尔自治区领导

—16—

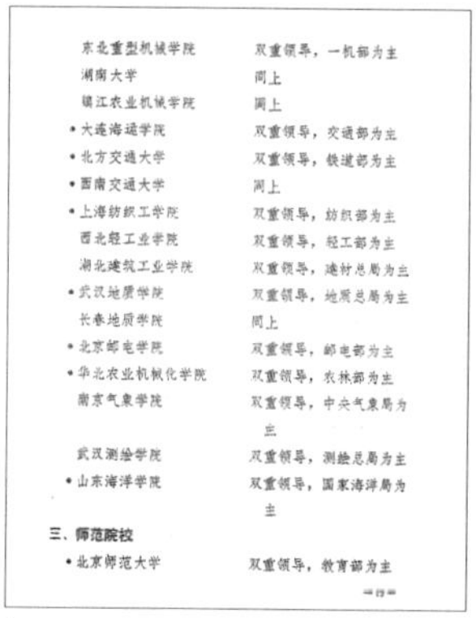

东北重型机械学院	双重领导，一机部为主
湖南大学	同上
镇江农业机械学院	同上
• 大连海运学院	双重领导，交通部为主
• 北方交通大学	双重领导，铁道部为主
• 西南交通大学	同上
• 上海纺织工学院	双重领导，纺织部为主
西北轻工业学院	双重领导，轻工部为主
湖北建筑工业学院	双重领导，建材总局为主
• 武汉地质学院	双重领导，地质总局为主
长春地质学院	同上
• 北京邮电学院	双重领导，邮电部为主
• 华北农业机械化学院	双重领导，农林部为主
南京气象学院	双重领导，中央气象局为主
武汉测绘学院	双重领导，测绘总局为主
• 山东海洋学院	双重领导，国家海洋局为主

三、师范院校

• 北京师范大学	双重领导，教育部为主

—19—

东北重型机械学院被国务院批准为全国重点大学文件

（二十五）77级448名新生入学

1978年2月20日

77级448名新生入学（这是恢复高考制度后学院招收的第一批新生）。

1978年2月下旬

学院根据1977年11月一机部教育座谈会和全国工科院校基础课教材座谈会的精神，制订新的教学计划。

（二十六）轧钢机自动化研究室成立

1978年3月6日

一机部教字239号文，批准成立轧钢机自动化研究室，研究轧机新结构、新工艺、检测技术、液压及电气控制系统。

1978年4月10日

在院党委的领导和支持下，学院机械厂与机械系合并，建立了教学科研生产三结合的新体制。院党委副书记代表全院师生作了讲话，并宣读行政处、学生总会等单位的贺信。

1978年4月20日

学院开始进行“文化大革命”以来首次教师职称评定工作。

1978年4月25日

中共齐齐哈尔市委常委决定，冯燕川任学院党委常委、副院长。

1978年5月3日

学院钢铁化学分析短训班开学。60名学员在258大教室举行了隆重的开学典礼大会。

1978年5月10日

参加学院钢铁化学分析短训班的工人学员经过三个月的学习，胜利结业。结业前夕，学院领导与短训班工人学员进行座谈，学员们对学校教育工作提出了宝贵意见。在获得富拉尔基区田径运动会职工团体总分第一名后，学院田径代表队于6月29日赴齐市参加市大专院校田径运动大会。

1978年5月20日

为了贯彻新的教学计划，努力提高教学质量，学院各专业制订新的教学计划：培养德、智、体全面发展的高级建设人才。学院 77 届学员入校。这批学员到校后，共分为 10 个专业，编为 15 个班级。

1978 年 6 月 26 日

学院党委召开全院师生员工大会，向全体师生传达第五届全国人民代表大会盛况。大会在自控系设了分会场。

1978 年 7 月 2 日

黑龙江省革命委员会授权省文教办公室批准朱之超等 9 名同志晋升为副教授。学院党委颁发〔1978〕42 号文件，内容是《关于开展教师职务名称评定工作的意见》，提出：为贯彻落实五届人大和全国科学大会精神，学院开始教师职称评定工作。

1978 年 7 月 3 日

纪念“五四”运动火炬接力赛举行。全体运动员昂扬一致，取得了优异成绩，体现了新中国青年的风采。

1978 年 7 月 12 日

学院召开“掀起揭批查运动新高潮，立即开展‘两打’斗争动员大会”（揭批查运动即揭发批判江青反革命集团的罪行，查清他们的反革命帮派体系，两打是打击阶级敌人破坏活动，打击资本主义势力的进攻）。

1978 年 7 月 25 日

学院苏升贵、沈焕祥、宗圣哲老师撰写的论文《铝黄铜（HAL66-6-3-2）超塑性研究》将参加由美国矿冶石油工程师学会、冶金学会举办的“超塑性和超塑成型国际会议”。

1978 年 8 月 9 日

学院为在“文化大革命”中受迫害者召开平反昭雪大会。

1978 年 9 月 8 日

院党委二次部署的全院以预防疾病为中心的爱国卫生运动和春季植树造林运动取得初步成绩。

学院试招本科自费生。自费生毕业后学院不负责分配，管埋上与其他学生无异。

1978 年 9 月 20 日

根据院党委关于进行本学期期中教学检查的决定，教学检查组对 76、77 级两个年级的教学工作检查圆满结束。

1978 年 9 月 26 日

学院无线电技术教研室为省气球办公室设计的气球广播第一期工程需要的设备已经开始做升空考核试验。

1978 年 10 月 1 日

为了全面提高教学质量，全面提高师资水平，学院成立了第一期教师提高班，现已胜利结业，历时一年。

学院饮料厂开工剪彩。

1978 年 10 月 7 日

学院承担的《无胎冷旋压工业试验》项目前期工程通过齐齐哈尔市科委主持的验收鉴定。

1978 年 10 月 9 日

学院举办的业余文化学校举行开学典礼。计划在业校授课期间，帮助学员达到初、高中文化水平。

学院为齐齐哈尔市猎枪厂研制的猎枪管旋压机工艺通过了黑龙江省科委主持的技术鉴定大会。

党委书记聂毓峰宣读了学院换届任免文件，连家创院长提出“稳定队伍、恢复层次、适当调整、积极建设”十六字方针。

1978 年 10 月 10 日

10 月 9 日，学院在学院俱乐部召开了 78 级新生入学教育动员大会。10 日上午，学院党委副书记、革委会副主任李雨同志作了《关于全面地正确地理解毛泽东思想教育体系》的报告，学院党委副书记、革委会副书记彭涛同志介绍了学生的历史使命、学院建校史、教研生产情况专业和入学教育安排，为学生树立了无产阶级世界观，为学生顺利完成学习任务奠定了思想基础。

1978 年 11 月 11 日

77 级学生参与两次英语朗读比赛，通过朗读外文书籍的专业资料、诗歌、小说，演唱外文《国歌》和《国际歌》等形式，激发了学生们学习外语的积极性，增强了学生们为实现四个现代化而学习外语的信心和决心。

1978 年 11 月 13 日

学院无线电技术教研室为省气球办公室设计的气球电视广播第一期工程——“接收天线自动定向”项目研究试验获得成功。

学院第二十届田径运动会胜利举行，张志华打破了保持 11 年之久的校园跳高纪录。

1978 年 11 月 15 日

吉林工业大学、沈阳机电学院、哈尔滨电工学院、东北重型机械学院从群众、领导班子、后勤、教学质量和科研生产情况等方面积极开展校际竞赛，从落实行动、落实华主席对机械工业发展的重要指示、落实机械工业学大庆精神、促进教育等方面为机械工业现代化多做贡献。

1978 年 12 月 15 日

东北重型机械学院经过群众民主评议提拔 120 名助教为讲师。他们立场坚定，为提高教学质量和科研做出了贡献。

1978 年 12 月 21 日

中共齐齐哈尔市委常委决定免去王珏东北重型机械学院党委委员、院革命委员会委员和院革命委员会副主任职务。

1978 年 12 月 26 日

学院第二十届田径运动会胜利闭幕。

来自云南、北京、内蒙古等 13 个省、自治区、市的 78 级新生和研究生入学，是粉碎“四人帮”后教育战线改革招生制度的成果，8 日开始入学教育，16 日正式上课。

学院党组织在知识分子中发展党员，轧钢教研室主任赖明道等 3 名同志被吸收入党。

1979 年 2 月 4 日

学院错划“右派”的改正工作全部结束。

1979 年 2 月 11 日

学院聘请兼职教授大会在图书馆演讲厅举行，共聘请兼职教授 11 位。

1979 年 2 月 19 日

省文教办以政工干字〔1979〕12 号文批准晋升靳辅安等 7 人为副教授。

1979 年 2 月 21 日

生产处召开全处动员大会，总结了 1—9 月的工作，号召全处同志同心协力大战个四季度，提前完成全年生产任务。

1979 年 3 月 25 日

中国工会第九次全国代表大会胜利召开，学院生产处的广大工人和干部欢呼工会九大胜利召开，表示要在党的领导下，克服生产中遇到的困难，完成今年生产处的教学、科研和生产任务，在做好今年工作的同时，要努力为明年做好准备。

1979 年 3 月 30 日

杜文升作为东北重型机械学院无线电技术教研室的代表，参与了全国工业大学学大庆的会议。

1979 年 4 月 4 日

共青团第十次全国代表大会胜利召开，学院生产处广大团员青年庆祝自己的盛会，团委召开了团支部委员、学生班长座谈会，认真学习了李先念副主席在团的“十大”上所作的重要讲话，畅谈了中国共青团“十大”的伟大意义和主要任务。

1979 年 4 月 29 日

学院召开第四届团代会和第六届学代会，出席这次“双代会”的代表共 534 人，其中团员代表 244 名、学生代表 290 名。

省教委专家组对学院图书馆进行了全面检查与评估。

为努力提高教学质量，学院将以深入师生间进行调查研究为主，辅以检查听课、抽查学生作业等方式搞好期中教学检查。

为提高教学质量，学院举行英语、日语学习班分班考试。

1979 年“五四”前夕

秋季学期期中教学检查开展。从教学效果、教学计划、学生学习态度和方法、教研室的教学法、教学物质条件等方面进行了检查。

（二十七）锻压设备结构强度研究室成立

1979 年 5 月 5 日

经一机部批准，学院正式成立锻压设备结构强度研究室，对锻压设备强度、结构和新工艺、新设备进行研究。

1979 年 5 月中旬

学院学生男子篮球队获黑龙江省高校“三好杯”篮球赛亚军。

1979 年 6 月 4 日

院党委召开了党委扩大会议，与会人员学习贯彻《全国重点高等学校工作条例》（试行草案），讨论研究了如何把各级领导的注意力放到教育和科研上，加速实现教育现代化的步伐以适应伟大革命转变的问题。

1979 年 6 月 5 日

下午，八届全国人大代表、第一重型机器厂厂长郭建煜同志应学院邀请，向全院干部教师作了一场生动的报告。

一机部所属大专院校东北赛区，进行了第一次检查评比，检查团从后勤、教学等方面参观检查，对学院学生宿舍进行了表扬并指出环境卫生仍存在问题。检查结束后，学院党委对存在问题和教学质量需要提高等一系列方面进行了研究并提出了改进措施。

1979 年 6 月 26 日

为适应工作重心的转移，生产处对所属的二至五级技术工人进行了培训和理论考核。

1979 年 7 月 1 日前

通过购进书籍、改善基础设施和整理图书馆资料，图书馆进行了整顿。

1979 年 7 月 13—22 日

一机部和冶金部联合主持的技术鉴定会在学院举行。学院与太原重机厂等 8 个单位共同研制建成的我国 1 台 5 机架连轧管模拟试验轧机在会上通过鉴定。

1979 年 7 月 18 日

富拉尔基区环境保护现场会在学院召开，来自富拉尔基区的代表参观了轧钢厂从加工到轧制的生产工艺过程，详细考察了煤气炉的结构及特点，听取了轧钢厂同志的介绍，轧钢厂改炉经验受到重视。

1979 年 9 月 10 日

学院召开 1978 年先进集体、先进个人命名奖励大会。冯燕川同志总结了上一年的工作，认为在新的一年要实现工作重心的转移，要团结在党中央周围，为把学院办成教学、科研两个中心而努力奋斗。聂毓峰同志宣读了先进集体和个人的名单，会上颁发了奖状和奖品。

1979 年 10 月 1 日

为满足教学和科研工作，充分发挥图书资料的作用，图书馆在开放时间、扩大面积、多设座位等方面做了很大改进，服务质量明显提高。

共青团东北重型机械学院第四届代表大会和东北重型机械学院学生会第六届代表大会在俱乐部举行，号召全院青年坚持四项基本原则，为实现四个现代化而努力奋斗。团市委副书记王玉清和院党委书记郭久长同志就加强团的建设、搞好青年政治思想工作作了重要讲话。

团委发出号召，要求各级团组织组织青年认真学习马克思列宁主义毛泽东思想，向雷锋同志学习，为完成党交给的任务努力再努力。

1979 年 10 月 6 日

学院举行了第十届田径运动会。李互伟等 3 名学生打破学校记录，聂毓峰同志表扬了优秀运动员和先进单位并号召全体师生继续把群众性的体育锻炼深入持久地开展下去。

1979 年 10 月 14 日

齐齐哈尔机械工程学会机械传动专业委员会在第一重型机器厂召开成立大会，并举行了第一次学术讨论会，学院派代表出席，20 余人的论文入选。

会议集中汇报和交流了齐齐哈尔市齿轮转动机构学和液压传动方面的学术成果。

（二十八）锻压设备研究室正式成立

1979 年 10 月 15 日

学院锻压设备研究室正式成立。在成立大会上，院党委常委、副院长冯燕川针对锻压设备教研室的领导机制、建设方针和努力完成国家科研任务作了重要讲话。

1979 年 10 月 15—17 日

学院召开第二届学术交流会。会上，共宣读学术论文 103 篇、交流论文 48 篇。

1979 年 10 月

院党委召开全院职工大会，表彰奖励了 53 名自愿终身只生 1 个孩子的职工。

1979 年 10 月 23 日

冶金机械系团总支和学生在 258 大教室举行了歌咏比赛。10 个班级演唱了几十首革命歌曲。

1979 年 11 月 10 日

连轧管模拟实验鉴定会在学院举行。参加会议的 27 个科研、设计、生产单位和高等院校的 55 名代表参观了浮动芯棒和限动芯棒轧制和测试的总体概况，代表们经过讨论，对模拟试验机的机械电气、液压与测试装置在孔型设计、力能参数、轧件速度和芯棒速度等方面取得的我国第一批自己的数据给予了肯定，并对今后的研究方向进行了探讨。

1979 年 12 月 4 日

院党委决定调整、充实学院学术委员会，同意成立系学术委员会。

1979 年 12 月 5 日

学院计算站克服了人力不足、物资准备不够等困难，决定对用户开展服务。为能更好地提供服务，现正积极准备讲义，准备开办用户学习班。

79 级新生研究生入学，这批学员分为 8 个专业，4 个师资班，编为 16 个班级。学院党委组织了入学教育，9 月 17 日开始正式上课。

1979 年 12 月

在黑龙江省科研工作会议上，学院有 4 项科研成果获大会二等奖，有 2 项获大会三等奖，有 4 项获大会荣誉奖。

1979 年 12 月上旬

全院师生员工通过打扫校园、座谈会等形式庆祝中华人民共和国成立 30 周年。

1979 年 12 月下旬

来自富拉尔基区各个单位的代表共计 80 多人参观了轧钢厂的生产工艺过程，听取了轧钢厂工人的经验。轧钢厂改炉受到了区环境保护办公室的好评，经验受到有关单位的重视。

1979 年 12 月 27 日

学院举行了第十一届大学生田径运动会，所获成绩比第十届田径运动会有所提高。

1979 年 12 月 28 日

学院召开第二次学术交流会，总结交流科研工作经验，探讨科研方向，促进学术交流，展示了科研成果。

1979 年 12 月 31 日

学院党委举办党员干部轮训班，同志们学习了党的十一届三中全会和五届人大二次会议等重要文件，冯燕川同志在会上作了总结报告。

1980 年 1 月 28 日

学院团委和学生会对学生教室和寝室进行了卫生大检查。

杨基厚副教授首创四连杆机构空间模型理论，提出了“凸轮范成加工原理”，并与有关教师设计装置。

1980 年 2 月

27、28 日晚，院团委、学生会举办了庆祝中华人民共和国成立 30 周年文艺晚会。29 日组织收听了叶剑英副主席的重要讲话。30 日，院工会组织了电影招待会。

1980年3月1日

举行了学院第四届共青团代表大会和第六届学生会代表大会。大会号召全院青年坚持四项基本原则，为实现四个现代化而努力奋斗。这次双代会是在党的十一届三中全会和共青团十大精神的指引下进行的，王玉清和郭久长同志就加强团的建设、搞好青年政治思想工作作了重要讲话。

学院党委召开了全院职工大会，表扬了计划生育先进个人。会上，党委副书记李雨总结了全院前段时间计划生育开展情况，部署了计划生育工作任务，要求各单位加强对计划生育工作的领导，为早日实现四化做出贡献。

1980年3月3日

全院各单位都组织了各种形式的纪念雷锋活动。各基层党支部分别组织了茶话会、座谈会。

学院开展了1979年秋季学期期中教学检查工作。各组采用听课、开调研会、测验、抽查作业、同教师个别谈话以及同教研室负责人谈话的方式，基本上摸清了本学期三个年级的教学情况，肯定了成绩、找出了问题，提出了改进工作意见和措施。

1980年3月5日

由院武装部和保卫处联合召开民兵以上干部会，小结学院前一段时间治安工作，部署了院内民兵巡逻工作。

1980年3月8日

学院工会在俱乐部召开纪念三八国际劳动妇女节70周年大会。党委副书记李雨同志代表党委高度评价了妇女在学院教学、科研、后勤、工作、生产等工作中做出的重要贡献。

学院和机械系、科研处有关领导同志参加了锻压设备研究室成立会议。冯燕川同志在大会上针对锻压设备研究室的领导体制、建设方针和努力完成国家科研任务等方面作了讲话。

院党委召开了各部办、处、系党政领导干部会议，认真传达贯彻了治安会议精神，并结合我院治安情况，总结经验、提出问题及部署任务。

1980 年 3 月 11 日

学院成立体育运动委员会，马奔任主任，刘长林任副主任。

1980 年 3 月中旬

为庆祝及感谢费希尔夫妇对学院任教所取得的成绩，举行茶话会。

1980 年 4 月

省文教办在哈尔滨召开科研工作会议，学院“连续轧管机模拟实验”“数控刻道机”“30 万瓦汽轮机转子残余应力的分析与计算”“气球电视定向天线装置”“2800 变断面轧机可控硅供电装置”“箔栅式电阻应变片”“液压膨胀形新工艺的研究”“气球系绳的张力计算”“温湿压遥测仪”“等螺旋角铣刀”10 个科研项目获奖。

1980 年 4 月 11 日—6 月下旬

一机部干部司、教育局和省文教办等领导同志来院考察领导班子。按“四化”（即革命化、知识化、专业化、年轻化）标准，通过民意测验，领导和群众相结合，推荐优秀中青年干部。

1980 年 4 月 12 日

团委、学生会联合举办“新年游艺活动”，内容有套圈、跳球、猜灯谜等活动。

1980 年 4 月 16 日

黑龙江省文教办批准胡锡增等 13 人晋升为副教授。

1980 年 4 月 26 日

学院学期期末基础课统一考试开展。

1980 年 5 月 3 日

77 ～ 79 级三届学生分别参加了部属 9 个院校的英语、物理和数学统一考试。

为纪念五四运动 61 周年，院团委和学生会共同组织了纪念五四运动 61 周年火炬接力赛跑大会。

1980 年 5 月 8 日

学院选民经过无记名投票，选举马奔、李克修、宋维公、王宝春、万尧5人为出席富拉尔基第八届人民代表大会的代表。

1980年5月12日

党委、常委和全院教职工进行座谈会，讨论中共十一届五中全会，学院教职工认真学习五中全会公报，一致表示坚决拥护五中全会通过的各项决议，拥护五中全会为加强和改善党的领导所采取的措施，以实际行动向党的十二大献礼。

1980年5月14日

学院党委开办为期一年的青年教师提高班，对1979年以来留校和兄弟院校分来做教学工作的同志进行了基础理论补习和提高。

东重运动员参加富拉尔基区排球比赛

1980年5月

在齐齐哈尔市大专院校排球赛中，学院女队获冠军，男队获亚军。

1980年5月23日

为纪念毛主席为雷锋题词17周年，学院团委召开了纪念毛主席和老一辈无产阶级革命家为雷锋同志题词17周年座谈会。与会同志回顾了青年在社会主义革命和建设中的作用，同时指出了“文革”期间学雷锋精神遭到严重破坏的问题。学院团委副书记梁颖琦同志号召全院青少年要积极行动起来，让雷锋精神在学院发扬光大。

1980年6月2日

为贯彻党委的部署，学院进行了准备、考核、评议、报批和总结的五个调资评议阶段工作，通过建立中层和基层骨干学习班、建立院系两级考评升级委员会和基层考评升级领导小组，参照制定了各种人员的考核标准，在全院教职工中普遍进行了考核（考工）。

1980年6月5日

计算机教研室造出一台DJS-130计算机，解决了计算机操作问题。

1980年6月5—7日

学院体育代表队在黑龙江省第二届高校田径运动会上有两人打破1500米省高校记录。

1980年6月13日

学院被划为选举代表的第十八、第十九选区，着手选举区人大代表，5月8日结束，5月15日下午，学院召开有选区负责人、选民组长和选民代表参加的会议，向当选的代表发了代表证书。

排球女队合影

1980年6月20日

在省大学生“三好杯”排球赛中，学院男队获得第二名，女队获得第三名。

1980年暑假前夕

学院参加黑龙江省高等院校第二届田径运动会，学院打破学男五项全能高校记录和学男400米高校记录。

1980年7月

院党委召开政工干部会议，传达黑龙江省高教会议精神。郭久长书记讲了如何认识和贯彻省高教会精神和学院1980年工作计划；李雨副书记在会上部署了学院1980年工作计划要点。

1980年7月5日

学院召开1979年度先进集体和个人表彰大会，学院党委副书记彭涛作了以“加强共青团思想和组织建设，努力开展好团的工作”为主题的讲话。

1980年9月1日

学院在校田径运动场举行了第十一届田径运动会。广大老、中、青男女运动员不辞辛苦，敢拼敢冲，赛出新水平，共有7人打破6项校记录。

1980年9月8日

春季爱国卫生运动开展，室内室外卫生面貌焕然一新，冶金系荣获九面卫生流动红旗。

1980年9月15日

为适应今后科学技术发展的需要，提高学院教学质量，学院党委决定对1974年以来留校和兄弟院校分来担任教师的同志进行基础理论补习和提高，开办了为期一年的青年教师提高班。参加学习的教师有100多人。

生产处所属机械厂两次开设工厂实习课，使学生通过参加机器产品实际生产过程的实习，学习机械工艺的有关基本操作技能，获得一定的感性认识，为今后学习打下初步的实践基础。

1980年9月20日

自控系工企77级一班学生在团支部干部带领下到学生一食堂打扫卫生，受到食堂职工的一致赞扬。

1980年9月20—21日

齐齐哈尔市高等院校篮球联赛在学院举行，学院男队获冠军。

1980年9月29日

学院图书馆开始破土动工。

1980年10月初

冶金系团总支学生分会发出通知，号召全体团员、青年向轧钢76级的丁宁同学学习，把雷锋精神继承发扬下去。

1980年10月20日

学院教职工疗养工作开始，部分教师已经去疗养院进行疗养。

学院举行了76级学生毕业典礼，76级学生纷纷表示服从组织分配，到艰苦的地方去，到祖国最需要的地方去。

1980年10月25日

富察区环境保护现场会在学院召开，轧钢厂改造经验受到重视。

1980年10月29日

轧钢教研室承担的一机部重点科研课题“直缝焊管机组成型力能参数

研究”通过鉴定。

1980年11月13日

学院招收的80级学生陆续到校，学院进行了5天入学教育，期间新同学还听取了专业介绍，与专业老师进行座谈，参加了公益劳动，参观了重机厂，并举行了新老同学联谊会。

1980年11月19日

学院第四届团代会和第六届学代会召开，号召全院青年坚持四项基本原则。

1980年11月19—27日

学院召开第三届教学经验交流会，有17人在大会上宣读了介绍教学经验的文章，另有50余人在分组会上介绍经验。会议共收到教学经验交流文章50余篇。

1980年11月24日

学院电视大学英语、数学单科班开课，共有学员9人。

1980年12月3日

一机部所属高等院校电工学和金属学协作会议在学院召开，参加会议的湖南大学、清华大学、哈工大和其他兄弟院校代表在今后的课程设置、实验室建设、教学人员补充和提高以及科学研究等方面进行了讨论，提出了一些方案、意见、希望和要求，并参观了第一重机厂。

1980年12月10日

学院举办党员干部轮训，对全院党员及党员干部进行了分期分批轮训。

学院和齐齐哈尔师范学院及齐齐哈尔医学专科学校、齐齐哈尔轻化工学院院校篮球联赛举行，学院获男队第一名，齐齐哈尔医学专科学校获女队第一名。

1980年12月12日

学院无线电技术教研室代表杜文升出席全国工业学大庆盛会。

连家创副教授参加国际轧钢会议，在会上宣读了题为“板形和横向厚差控制的分析”的论文并回答了与会者提出的问题。

1980 年 12 月 20 日

学院为关照生活困难的学生，使其更好地享受到党和人民的关怀，努力学习，对 267 名同学进行了冬季换季补助，补助有力地解决了学生的换季困难的问题。

1980 年 12 月 25 日

三好学生评选工作进行。11 月 12 日，学院在俱乐部召开命名奖励大会。

1980 年寒假前夕

学院第三届教学经验交流会召开，总结交流教学经验，表彰了教学工作中做出成绩的先进个人和单位，推动了教学研究工作的开展，促进了教学质量的提高。

1980 年寒假前夕

由锻压设备及强度研究室在 650 液压机上首次进行立挤管材实验获得成功，为下次立挤钢管的模拟实验奠定了技术基础。26 日，学院领导和有关处、系负责人观看了立挤管材实验的现场表演。

1981 年 1 月

学院召开第三届学术报告会，会议共收到 90 篇学术论文，其中 73 篇论文在会上宣读，另有 17 篇被作为交流文章。

东重 1981 年贺年卡片

1981 年 2 月 23 日

院团委学生会聘请齐齐哈尔市实验中学教师谢彪来院作了题为“社会主义好”的专题报告。

（二十九）《教学研究》正式出刊

1981 年 3 月 6 日

教务处主办的学术性内部刊物《教学研究》经黑龙江省出版局批准正式出刊。

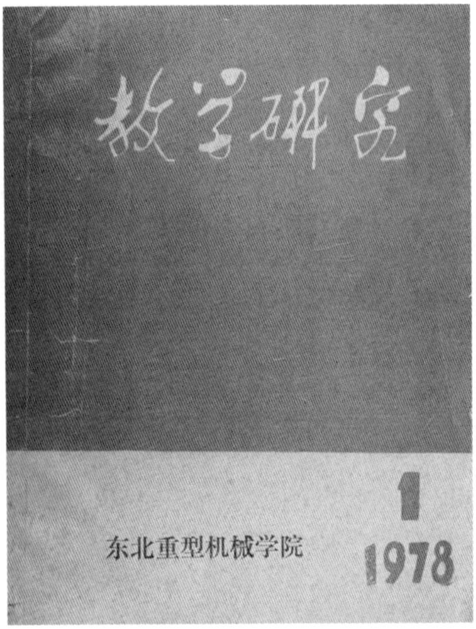

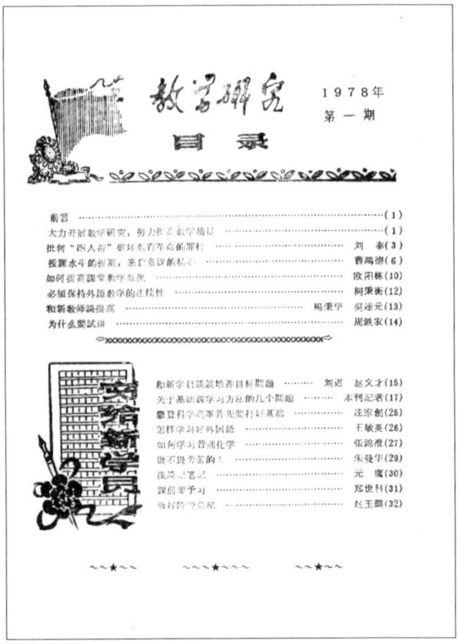
教学研究　1978年　第一期

目录

前言 ……（1）
大力开展教学研究，努力提高教学质量 ……（1）
批判“四人帮”破坏教育革命的罪行 …… 刘　泰（3）
授課水平的提高，来自备課的精心 …… 曹鴻德（6）
如何提高課堂教学效果 …… 欧阳楝（10）
必須保持外語教学的连续性 …… 柯秉衡（12）
和新教师談提高 …… 楊秉华　吳運元（13）
为什么要試讲 …… 周鉄农（14）
和新学員談談培养目标問題 …… 姚迟　赵文才（15）
关于基础課学习方法的几个問題 …… 本刊記者（17）
攀登科学高峯首先要打好基础 …… 连家創（25）
怎样学习好外國語 …… 王敏英（26）
如何学习普通化学 …… 张錦雅（27）
做不畏劳苦的人 …… 朱曼华（29）
浅談記筆記 …… 元　鷹（30）
課前要予习 …… 郑世科（31）
做好阶段总结 …… 赵玉鵬（32）

1981 年 3 月 10 日

无线电教研室研制的 WSY-2 型频分制十通道无线温湿压遥测仪与机械学教研室研制的 i=22800 复波谐波减速器两项技术顺利通过技术鉴定。

1981 年 3 月 27 日

一机部〔1981〕一机党字 19 号文，转发中共中央组织部〔1981〕干任字 50 号文，中央同意李志超任党委书记，彭涛任党委副书记兼院长；聂毓峰、朱之超、甄殿发、杨基厚任副院长；胡育德任顾问。

同时免去郭久长、李雨、翁瑞亭、马奔和冯燕川担任的学院党政领导职务。

李志超

彭涛

甄殿发

杨基厚

1981 年 4 月 8 日

由学院团委、学生会组织的学生棋类比赛结束。

1981 年 4 月 27 日

为培养学员多项能力，学院举办英语、日语学习班。

1981 年 5 月

省文教办以黑政文办字〔1981〕53 号文批准曹洪德等 10 人为副教授。

省文教办以黑政文办字〔1981〕79 号文批准尹昌言、赖明道 2 人为教授。

赖明道教授(右二)

1981 年 5 月 14 日

全院期中教学检查结束。

举行元旦茶话会，院党委副书记彭涛同志代表学院对马尔丁夫妇的辛勤工作表示感谢。

美籍英语教师马尔丁夫人在讲课

1981 年 5 月 14—16 日

学院党委召开学生政治思想工作座谈会，党政干部有 100 多人参加。

1981 年 6 月 1 日

学院召开了第三届学术报告会，收到学术性论文 90 篇，73 篇被宣读，其余 17 篇被定为交流文章。

1981 年 6 月

在齐齐哈尔市大专院校田径运动会上，学院代表队获得男子组和女子组两个团体总分第一名。

田径代表队荣获齐齐哈尔市大专院校田径运动会总分第一名

1981 年 6 月 29 日

学校共青团为改善就餐条件、提高伙食质量、丰富学生文化生活，为同学们配备了电视机，并在放假期间举行乒乓球和棋类比赛。

1981 年 7 月

在齐齐哈尔市大专院校篮球赛中，学院男队获冠军，女队获亚军。

1981 年 7 月

学院向全院师生员工传达了有关中央工作会议文件并组织全院中层以上干部进行了 3 天集中学习，主要学习专业技术基础课和专业理论课。

1981 年建党 70 周年前夕

学院原基础部党总支副书记、副主任王育常同志逝世。

1981 年 7 月 11 日

学院举行的工业电气自动化师资培训班和电子计算机应用学习班开班。

1981 年 8 月 29 日

学院党委全委会选举产生院纪律检查委员会。

1981 年 10 月 8 日

无线电教研室研制的 WSY-2 型频分制十通道无线温湿压遥测仪技术签订会召开，并通过技术鉴定。

（三十）机械学、冶金机械、工业企业自动化获得硕士学位授予权

1981 年 11 月 3 日

国务院批准学院机械学、冶金机械、工业企业自动化硕士学位授予权。

1981 年 11 月 6 日

〔1981〕一机党字 81 号转发中共中央组织部〔1981〕干任字 657 号文，中央同意：聂毓峰任东北重型机械学院党委副书记。

1981 年 11 月 15 日

学院“板框式多向模锻液压机试验研究”等 5 项科研成果通过鉴定。

1981 年 11 月 18 日

生产处较好地完成了 1980 年教学、科研、生产任务，充分调动了职工积极性，为教学、科研、生产服务。

1981 年 12 月

根据一机部指示和党委部署，学院以调整为中心，以提高教育质量和学术水平为目标，开始实行学位制。

1981 年 12 月

为认真贯彻省高校学生思想政治工作座谈会精神，学院党委召开全院思想政治工作座谈会。

1981 年 12 月 23 日

中共齐齐哈尔市委任命：聂毓峰兼任学院党委纪律检查委员会书记；樊树兼副书记。

1981 年寒假前夕

学院机械制造管理工程预科班举行了开学典礼。

1982 年 1 月 5 日

学院 28 户教师、干部搬进刚竣工的 6 栋住宅楼。

东重 1982 年贺年卡片

1982 年 2 月 4 日

由学院与三机部六二一研究所等单位共同承担的三机部重点科研课题——多项模锻工艺研究已胜利完成任务。

党委召开了学生思想政治工作座谈会，传达学习了省学生思想政治工作座谈会的有关文件和李瑞副省长的讲话，并联合学院实际，对学院思想政治工作中的一些问题统一了认识，交流了经验，找到了差距，提出了改进意见。

1982 年 2 月 22 日

由学生工作部、团委和学生会举办数学外语竞赛，竞赛结果令人满意。

1982 年 3 月

学院党委发出通知，号召全院师生员工积极开展“五讲四美”活动，共同努力改变校容校貌。

1982 年 3 月 9 日

学院 1981 年度有 5 项科研成果通过鉴定，分别为“C 型板框式多向模锻液压机试验研究”“一千二百五十吨锻造水压机新结构的研究成果”“凸轮范成加工原理研究成果”“摆动辗压机力能参数及齿轮坯摆辗工艺试验的研究成果”“集中目标多参数遥控、遥测、遥讯系统的研究成果”。

1982 年 3 月上旬

学院老干部活动室举行了成立仪式。

（三十一）《东北重型机械学院学报》正式出版

1982 年 3 月中旬

经黑龙江省出版局批准，学院科技性杂志《东北重型机械学院学报》正式出版，向全国发行。

1982 年 3 月中旬

新图书馆建成。图书馆面积约 5500 多平方米，由阅览大楼、书库、目录出纳厅、讲演厅、办公室、地下室 6 部分组成，造型优美，朴素大方，将为我院教学和科研工作提供有利条件。

1982 年 3 月中旬

全院师生员工认真学习六届三中全会文件和胡耀邦同志讲话。院属各党总支直属支部认真组织进行了学习讨论，认真领会精神实质，从实事求是的原则出发，结合自己的经历，阐述了三中全会的深远意义。

1982 年 3 月 13 日

学院建立领导干部听课制度。至次年 2 月，领导干部听课制度基本完善。

1982 年 3 月末

在齐齐哈尔市科技工作会议上，学院有 1 项科研成果获得一等奖，有 1 项科研成果获得三等奖。

学院汽车队被市里命名为交通安全先进集体。

中共齐齐哈尔市党委授予学院工厂工人孙志勤同志优秀共产党员的光荣称号。

1982 年 4 月

学院召开了党委全委扩大会议，认真贯彻了中央召开的省市区党委第一书记座谈会精神。

1982 年 4 月 18 日

为提高教学质量，学院建立《领导干部听课制度》，加强和改进了教学工作。

1982 年 4 月 20 日

学院工会号召全院职工利用假日开展野游活动，他们收集谜语、智力测试题，筹划使野游变得有趣、有意义的方案，为完成这项活动做了充分的准备。

1982 年“五四”前夕

学院党委召开党委全委（扩大）会议，党委书记李志超等同志传达了中央召开的省市区党委第一书记座谈会精神和省委召开的地方县委书记会议精神，会议在吃透上头精神的前提下总结了 1981 年工作，确定了 1982 年的工作要点。

1982 年 5 月 29 日

学院召开 77 级毕业设计（论文）经验交流座谈会，总结了 77 级毕业设计工作的经验，肯定成绩，指出不足。各系、基础办、教务处的有关负责人及参加指导工作的老师共 60 余人参加了此次会议。

1982 年 6 月 19 日

中国民主同盟东北重型机械学院支部成立大会召开。民盟齐齐哈尔市委和学院领导出席了大会。

学院召开 1981 年度先进集体先进工作者表彰奖励大会。会上表彰奖励了先进集体 15 个、院级先进工作者 71 名，院党委号召全院爱护先进、尊重先进、学习先进、争当先进。

1982 年 6 月 30 日

在市科技工作会议上，学院锻压研究室王家勋同志与齐齐哈尔齿轮厂合作完成的“摆动碾压力能参数及大齿轮坯工艺研究”项目获一等奖，无线电教研室王仲文等同志完成的“集中目标多参数三摇摆控制系统”项目获三等奖。

1982 年 6 月

在齐齐哈尔市大专院校排球赛中，学院男队获冠军。

1982 年 7 月 2 日

团委在全院团员和大学生中开展“合格共青团员和合格大学生”教育活动，加强全院共青团员和大学生的思想教育。

学院植树造林工作开始，全院共植树 2500 棵，今后的绿化工作主要是在巩固原有绿化基础上，逐步更新、改造、充实一些绿化内容，提高绿化管理水平。

1982 年 7 月 17 日

学院表彰了一批“全民文明礼貌月”活动中涌现出来的大学生文明宿舍。

1982 年 7 月 20 日

学院决定成立高等教育研究室。

（三十二）学院第一次授予硕士研究生学位

1982 年 8 月 9 日

学院 21 名研究生被授予硕士学位。这是我国实行学位制以后，学院第一次授予硕士研究生学位。

1982 年 9 月

院团委在俱乐部隆重召开了 1981 年度先进团支部优秀团员、优秀团干部命名奖励大会，会议上表彰奖励了 10 名优秀团员标兵、10 个先进团支部、222 名优秀团员和 19 名优秀团干部，并要求团支部继续深入开展学雷锋、创三好、争优先活动。

1982 年 9 月 10 日

经教育部和机械工业部批准，学院夜大学恢复办学。

院党委组织调查研究小组。对自然状况、领导班子状况、党支部和党员状况、职工队伍状况、群众对学院各方面意见及整顿建议等进行调研。

1982 年 9 月 14 日

学院期初教学检查结束。检查结果表明，我院期初教学秩序稳定。

1982 年 9 月 20 日

学院决定从 1982 年春季学期开始，在学生中试行操行评语制度，并规定学生操行评语每学年进行两次。

1982 年 9 月 24 日

学院“300 四辊轧机液压弯辊及板形控制”“冷连轧机厚调系统计算机仿真与参数最佳选择”“松子榛子脱壳机”3 项科研成果通过鉴定。

1982 年 9 月 27 日

经过 3 个月的努力，由学院机械学教研室教师王灵忠、齐长祥与机械厂工人何伯平合作研制的松子脱壳机模拟试验成功。

1982 年 9 月 29 日

省政府文教办批准周铁农等 19 人晋升为副教授。

1982 年 9 月

在齐齐哈尔市侨务会议上，学院被命名为侨务工作先进单位。

机械学教研室的“铰链四杆机构的空间模型与性能图谱”“单直线和双直线导路机构的综合方法及综合图谱”两项科研成果通过技术鉴定。

1982 年 9 月

学院夜大公开课（基础课和技术基础课）第一批学员正式上课。

1982 年 10 月 12 日

机械工业委托学院举办的厂长班结业，历时两个半月。

1982 年 10 月下旬

在机械工业部召开的科技规划会议上，学院“摆动辗压力能参数及大齿轮坯工艺研究”获科研成果二等奖。“1250 吨锻造水压机新结构的研究”等 5 个科研项目获三等奖。

实习厂金工车间改建完成，81 级学生已分批下厂进行金工实习。

1982 年 10 月 23 日

朱之超副院长主持召开了生产实习经验交流会。会上，苏升贵同志、徐守国同志和刘彦民同志介绍了锻压、轧钢和工企专业指导历届学生生产实习的经验。

1982 年 10 月 25 日

教务处召开了批改作业经验交流座谈会。会上，传看了做得较好的材力和电工教研室批改的部分作业。

1982 年 10 月 26 日

学院召开离退休老干部座谈会。李志超同志说要教育在职人员关心老干部，学院也要多听取老同志的意见。

1982 年 10 月 27 日

研究生招收工作结束，学院共招收 17 名研究生。

81 级学生分批下厂进行金工实习。通过柳州的实习活动，学生在车工、铸工、钳工等工种受到较好的基本工艺技能训练，并获得了初步的感性认识，为今后的学习、工作打下较好的实践基础。

1982 年 11 月 22 日

省政府文教办批准付文奎等 4 人晋升为副教授。

1982年11月24日

学院379名新生和17名研究生入学。

1982年12月19日

学院第四届学术报告会召开，会期3天，收到论文367篇。

1983年

学习六届人大一次会议精神等内容。

学院研制成功高校计算机调度系统，实现现代化管理的一项突破。

1983年2月

成立共产主义品德课教研室，并立即开课。

1983年3月20日

学院第五次团代会和第七次学代会闭幕。大会通过了共青团工作报告和学生会工作报告，并选举产生了新的团委会和学生会。

（三十三）技术咨询服务公司正式成立

1983年3月31日

学院技术咨询服务公司正式成立。

1983年4月

连家创当选为黑龙江省人民代表大会常务委员会委员。

1983年5月3日

黑龙江省人民政府授予连家创省劳动模范称号。

1983年5月17日

学院党委第28次常委会决定，学院校庆日为每年的6月7日。

1983年6月4日

学院开展“五讲四美，为人师表”活动。

1983年6月15日

学院开会布置师资提高规划工作。会上指出，各科研室要坚持又红又专的方向，根据教师的任务、基础和条件，定出切实可行的提高规划。

1983年6月25日

宣传部和工会组织了学院部分当选为省市区各级人大代表、政协委员、知识分子、劳动模范、少数民族、归侨侨眷等的教工，到在国内外颇有影响的黑龙江省扎龙自然保护区参观游览。

学院举行了大学生乒乓球赛，机械系代表队荣获男子团体冠军。

1983 年 7 月 15 日

机械工业部所属高等学校电子学第三次会议在学院召开，会议交流了教学和课程设计方面的经验。

1983 年 7 月 20 日

机械制造（热加工）类金属材料及热处理专业“热处理工艺学”“热处理设备”“试验参量的测量与控制”课程大纲小组会议在学院举行。

1983 年 8 月

院党委发布了关于下半年工作的补充要点，包括认真贯彻执行中共中央关于全党学习《邓小平文选》的通知和宣传。

1983 年 9 月 1 日

新建的 5647 平方米图书馆楼正式投入使用。为了保证开学后尽早使用新馆，全馆同志整个假期都没有休息。在院内其他单位的帮助下，搬迁工作完毕，于 9 月 1 日正式开馆。

东重图书馆

（三十四）冶金机械学科获得博士学位授予权

1983 年 9 月

经国务院批准，冶金机械学科获得博士学位授予权，连家创教授为博士学位研究生导师。压力加工学科、金属材料及热处理学科获硕士学位授予权。

1983 年 9 月 12 日

学院 565 名本科生和研究生入学，其中研究生 30 名，本科生 453 名，大专生 82 名。

1983 年 9 月 16 日

院志编审委员会召开第一次会议，讨论了院志办公室提出的编修院志的工作安排，以及院志篇目说明和篇目草稿（1984 年改为编写东北重型机械学院院史）。

1983 年 10 月

在昆明全国流体控制工程研究会理事会议期间，经评审认为，学院张书元、徐洪祥等同志从事的“YF-20H 型溢流阀动态特性的数学仿真分析与试验研究”课题有利于改善 YF 型先导式高压溢流阀的动态特性，在国内具有开拓性的意义。

1983 年 10 月 13 日

黑龙江省委常委、高教局局长靖伯文和省高教处处长刘钦发同志来学院检查工作。

1983 年 10 月 16 日

学院学生业余武术队成立，共有男女队员 16 名。

1983 年 10 月 18 日

由院团委和广播站举办的“十一征文活动”圆满结束，在 259 会议室向获奖的 10 名同学颁发了奖品。

1983 年 10 月下旬

冶金系党总支结合学生工作的实际情况，制定出 8 条措施。

1983 年 10 月 23 日

学院教学研究科副科长、副教授周铁农同志调任齐齐哈尔市副市长，学院组织欢送会。

1983 年 10 月 25 日

第二期《邓小平文选》读书班正式开班。

1983 年 11 月 10 日

机械工业部重型局局长张润山来学院检查工作。

1983 年 11 月 15 日

学院本学期的期中教学检查历时半个多月后结束。

1983 年 11 月 27 日

为了繁荣校园文化生活、加强精神文明建设，学院于 11 月 27 日成立了集邮协会。

1983 年 12 月 6 日

学院党员代表选举李志超、武占元、王敏英和陈宝辉为出席中共齐齐哈尔市第六次代表大会代表。

1983 年 12 月 12 日

省委组织部黑组干字〔1983〕582 号文，通知彭涛调离学院，任省财贸干部学院党委书记。

1983 年 12 月 13 日

齐组干字〔1983〕1234 号文，中共齐齐哈尔市委同意：丁成跃同志任中共东北重型机械学院纪律检查委员会副书记。

1983 年 12 月 26 日

学院第一次教工代表大会、第二次工会代表大会在院图书馆演讲厅举行，齐齐哈尔市工会文教工委主任彭殿选和齐富地区部分兄弟院校领导参加。

1983 年 12 月 27 日

在中国民主同盟第五届全国代表大会上，学院电工基础教研室主任申石虎副教授当选为民盟第五届中央候补委员。

（三十五）国务院总理赵紫阳任命林秀安为院长

1984 年 2 月 15—17 日

“大型液压机立挤钢管实验和动梁速度分析”科研项目通过技术鉴定。

1984 年 2 月 25 日

第二次全国液压气动技术会上，闻德生老师宣读了两篇关于新型轴向柱塞泵的论文。这种新型液压泵的发明震惊了全场。

1984 年 3 月

连家创、林秀安、宋维安、王宝春被齐齐哈尔市人民政府命名为劳动模范，其中连家创被命名为齐齐哈尔市特等劳模。

1984 年 3 月 20 日

为建立国际间校际友好合作关系，应日本上智大学邀请，学院派出由朱之超、靳辅安、臧瀛芝 3 位副教授组成的代表团访问日本，与日本上智大学签订了校际友好合作协议书。

臧瀛芝副教授（左二）被日本上智大学聘为客座教授

国家教育部高教司王断贤司长到学院视察工作。

1984 年 3 月 21 日

申光宪等 13 名教师研制的我国第一台“多通道同时测定动态应变测试装置”通过鉴定。

1984 年 3 月 28 日

机械工业部机党函字 61 号文转发中共中央宣传部干任字〔1984〕21 号文：中共中央组织部同意下列 9 同志的职务任免：李志超任院党委书记；武占元任院党委副书记；林秀安任院长（任期四年）；聂毓峰任副院长；连家创任副院长（任期四年）；杨基厚、甄殿发任副院长。免去彭涛的院长、党委副书记职务；免去聂毓峰的党委副书记职务；免去朱之超的副院长职务。

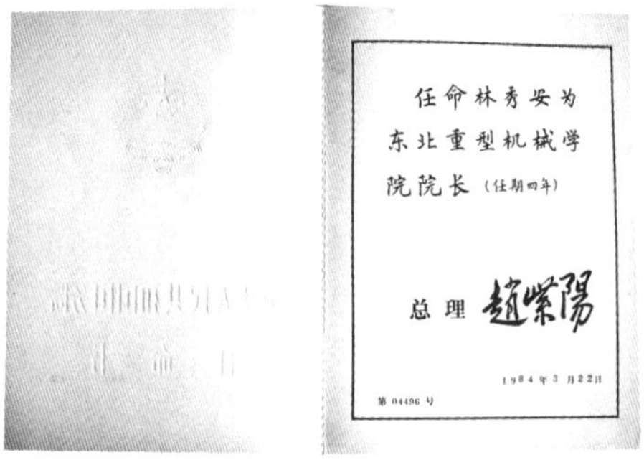

林秀安任学院院长的任命书

林秀安

1984 年 4 月

学院进行了机构改革和中层领导班子的调整。

学院成立文工团。

1984 年 4 月 11 日

学院期中教学检查结束。

1984 年 4 月 14 日

由中国发明协会举办的“首届全国发明展览会”在北京举行。学院液压老师闻德生发明的新型轴向柱塞泵（25KZB）作为黑龙江省的五项发明之一参加展出。

齐齐哈尔市科委受机械部重型矿山局委托，在学院召开“薄带拉伸弯曲矫直”评审会，该课题通过评审。

学院评选三好工作开始。

1984 年 4 月 18 日

齐齐哈尔市政府与学院建立了科技协作关系，学院院长林秀安和副市长张明一分别在协议书上签字。协议决定，由副市长杨福林等 5 人和学院副院长杨基厚等 5 人组成科技协作委员会。

学院第五次团代会和第七次学代会闭幕。大会通过了工作报告，选举产生了新的团委会和学生会。

1984 年 4 月下旬

齐齐哈尔市富拉尔基区举行区人民代表选举，学院甄殿发、欧阳栋、赵景文、王敏英、王宝春和寇志远当选为代表。

1984 年 4 月 23 日

学院第十四届田径运动会在学院运动场上举行，有 8 人打破 6 项院记录。

1984 年 4 月 26 日

学院 1983 年度春季学期期中教学检查结束，这次检查的主要特点是以教研室自查为主，各系（部）在教研室自查的基础上进行重点检查，学院有关方面进一步研究解决教学检查中提出的各种问题。

1984 年 6 月中旬

学院在机构改革中决定增设统战部、调研室和科学技术协会，增设了 3 个系，即材料工程系、计算机工程系和管理工程系；增设两个研究所，即轧钢自动化研究所和重型锻压研究所。

（三十六）“二次创业”，南迁秦皇岛筹建分校

1984 年 6 月 25—27 日

学校决定派遣代表团到秦皇岛、烟台、威海等地，调查了解建窗口、办分校的可能性与条件等。

1984 年 6 月 27 日

以臧瀛芝为首的代表团到达秦皇岛后，市教育局马佩宗副局长、市科委等有关领导对学院在秦皇岛市办学校表示热烈欢迎，并与代表团进行了会谈。

1984 年 6 月 29 日

林秀安院长率领基建、财务等部门负责人到达秦皇岛，听取了代表团的汇报，并与秦皇岛市规划部门负责人马兆斌等人商讨建校选址问题。

（三十七）机械部教育司召开关于东北重机学院建分校的专题论证会

1984 年 7 月 5 日

机械部教育司召开关于东北重机学院建分校的专题论证会。会议由程

光局长主持，参加会议的人员有：副局长俞宗瑞、高教处处长郝广发、科研外事处处长贾成炳、办公室主任许占林、林秀安院长等。林秀安院长就学院在秦皇岛建分校进行了充分的论证，与会的领导一致同意在秦皇岛市建分校，逐步把重点转移到分校。建校步子要快，机械部投资不增加，争取把本校的投资转移过来，充分利用地方性优惠政策。

（三十八）签订《关于建立东北重机学院秦皇岛分校兼联合进行经济技术开发的协议书》

1984 年 7 月 13 日

李永淳副市长和林秀安院长分别代表秦皇岛市人民政府、东北重型机械学院签订了《关于建立东北重机学院秦皇岛分校兼联合进行经济技术开发的协议书》。协议确定分校从 1985 年开始招收本科生和研究生。1988 年在校生争取至 1200 人。1990 年在校生达到 3000 人。远期发展规模为 5000 人。东北重机学院将在本校、分校统一招收和培养硕士研究生和博士生。协议确定到 1988 年前基建投资 2500 万元，并从本校调入基础课、技术基础课配套的教师和教学辅助人员；秦皇岛市人民政府在文化区内提供建校用地 700 亩，并根据分校建设的需要提供银行贷款。在签字仪式上，顾二熊代市长发表了热情洋溢的讲话。

顾二熊

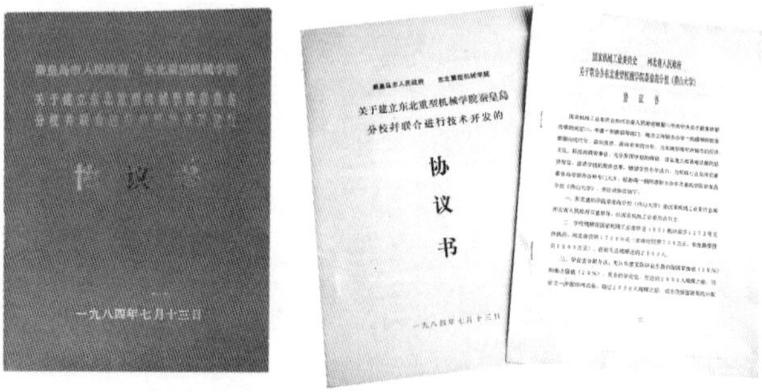

秦市政府与东重学院关于建分校的协议书

1984 年 7 月 23 日

林秀安等人承担的机械工业部重点科研项目“大型液压机立挤钢管实验及动深速度分析”在鉴定会上通过鉴定。会议期间，机械工业部教育局发来贺电。

1984 年 7 月 23—24 日

中共东北重型机械学院第三次代表大会召开。市委副书记石忠智，副市长周铁农，市委常委、组织部长桂生光等领导出席了大会，此外出席大会的还有正式代表 90 人，列席和特邀代表 26 人。李志超代表第二届党委向大会作了题为“在党的十二大路线指引下，为全面开创我院新局面而奋斗”的工作报告。7 月 24 日下午全体与会正式代表，以无记名投票方式选举产生了中共东北重型机械学院第三届委员会委员和中共东北重型机械学院第三届纪律检查委员会委员。

（三十九）关于在秦皇岛建立分校的请示

1984 年 7 月 24 日

院学术委员会召开扩大会议，讨论建秦皇岛分校有关问题，会议下达了向机械工业部教育司上报的《关于建立东北重机学院秦皇岛分校的有关资料》，讨论并通过了《关于在秦皇岛建立分校的请示》。

1984 年 7 月 25 日

第三届党代会第一次会议讨论通过了《关于在秦皇岛市建立分校的请示》，并上报机械工业部（东重院办字〔1984〕62 号）。

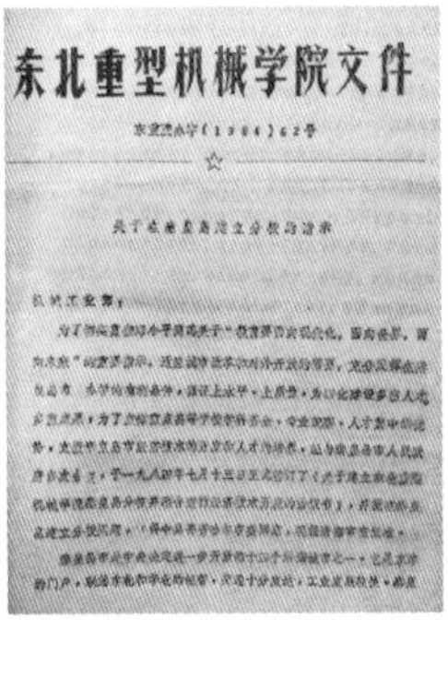
东北重型机械学院文件

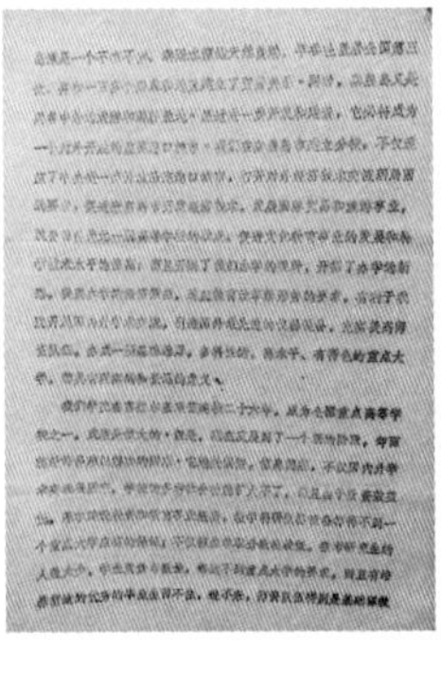

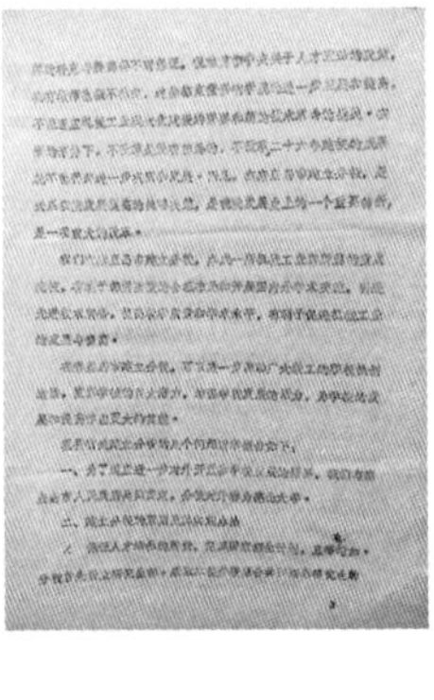

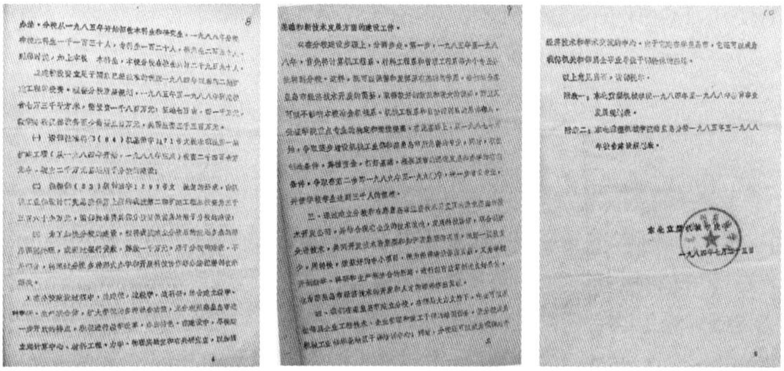

关于在秦皇岛建立分校的请示

1984 年 8 月 3 日

《光明日报》报道：东北重机学院将在秦皇岛建立分校。

（四十）机械工业部批准建立东北重型机械学院秦皇岛分校

1984 年 8 月 13 日

机械工业部以〔1984〕机教函字 1747 号文《关于东北重型机械学院在秦皇岛市建立分校的批复》，正式批准建立东北重型机械学院秦皇岛分校。确定分校的建设规模：在 1988 年前完成第一批工程，在校生为 1250 人，设计算机工程系、材料工程系、管理工程系 6 个专业。二期工程暂定为在校生 5000 人规模。一期工程建校舍 73000 平方米，总投资为 3300 万元。同意从国家已批准的学校 1984 年至 1988 年基建投资 2400 万中拨 1950 万元用于分校建设，国家不追加投资，不足部分在维持现规模的基础上，调整处理多余用房筹款或通过银行贷款以及集资自筹解决基建资金。

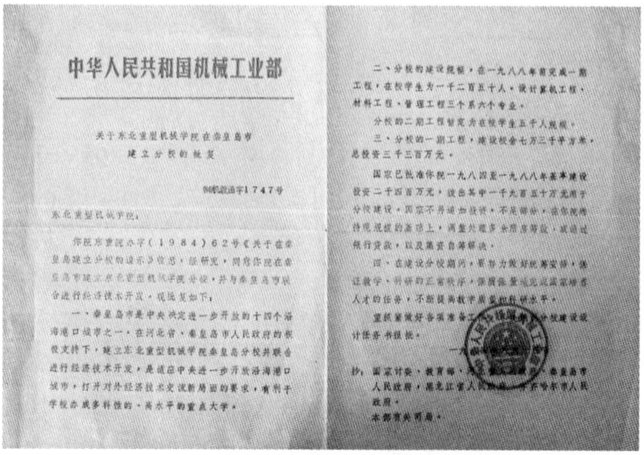

中华人民共和国机械工业部

关于东北重型机械学院在秦皇岛市建立分校的批复

84机教函字1747号

东北重型机械学院：

你院东重院办字（1984）62号《关于在秦皇岛建立分校的请示》收悉，经研究，同意你院在秦皇岛市建立东北重型机械学院分校，并与秦皇岛市联合进行经济技术开发，现批复如下：

一、秦皇岛市是中央决定进一步开放的十四个沿海港口城市之一，在河北省、秦皇岛市人民政府的积极支持下，建立东北重型机械学院秦皇岛分校并联合进行经济技术开发，是适应中央进一步开放沿海港口城市，打开对外经济技术交流新局面的要求，有利于学校办成多科性的、高水平的重点大学。

二、分校的建设规模，在一九八八年前完成一期工程，在校学生为一千二百五十人，设计算机工程、材料工程、管理工程三个系六个专业。

分校的二期工程暂定为在校学生五千人规模。

三、分校的一期工程，建设校舍七万三千平方米，总投资三千三百万元。

国家已批准你院一九八四至一九八八年基本建设投资二千四百万元，拨出其中一千九百五十万元用于分校建设，国家不再追加投资，不足部分，由你院在维持现规模的基础上，调整处理多余用房筹款，或通过银行贷款，以及集资自筹解决。

四、在建设分校期间，要努力做好统筹安排，保证教学、科研的正常秩序，保质保量地完成国家培养人才的任务，不断提高教学质量和科研水平。

望抓紧做好各项准备工作[illegible]建设设计任务书报批。

[illegible]

抄：国家计委、教育部、[illegible]、秦皇岛市人民政府，黑龙江省人民政府、[illegible]齐齐哈尔市人民政府。

本部有关司局。

关于东北重型机械学院
在秦皇岛市建立分校的批复

1984年8月29日

秦皇岛市崔致中、崔西夫副市长陪同林秀安院长等到山东堡等地实地勘察选择校址。下午召开了东北重型机械学院秦皇岛分校（燕山大学）选址工作会议。会议由顾二熊主持，会议进一步确定校址选定在山东堡公路北，建校用地700亩，并决定正式成立燕山大学筹建领导小组。

1984年8月30日

秦皇岛市人民政府以秦政办〔1984〕120号文件印发了《关于东北重型机械学院秦皇岛分校选址工作会议纪要》。顾二熊市长、林秀安院长分别代表秦皇岛市人民政府和学校签订了委托培养协议书。

（四十一）成立秦皇岛市分校筹备领导小组

1984年9月6日

东北重机学院党委〔1984〕37号文件印发关于成立秦皇岛市分校筹备领导小组的通知。

组　长：林秀安

副组长：齐建国　臧瀛芝

组　员：张建智　董明高

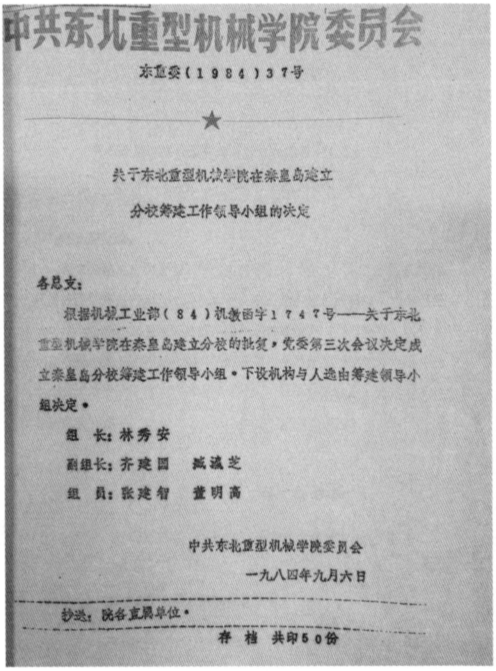

中共东北重型机械学院委员会

东重委（1984）37号

关于东北重型机械学院在秦皇岛建立分校筹建工作领导小组的决定

各总支：

根据机械工业部（84）机教函字1747号——关于东北重型机械学院在秦皇岛建立分校的批复，党委第三次会议决定成立秦皇岛分校筹建工作领导小组。下设机构与人选由筹建领导小组决定。

组　长：林秀安

副组长：齐建国　臧瀛芝

组　员：张建智　董明高

中共东北重型机械学院委员会

一九八四年九月六日

抄送：院各直属单位。

存档　共印50份

1984年成立筹备领导小组通知

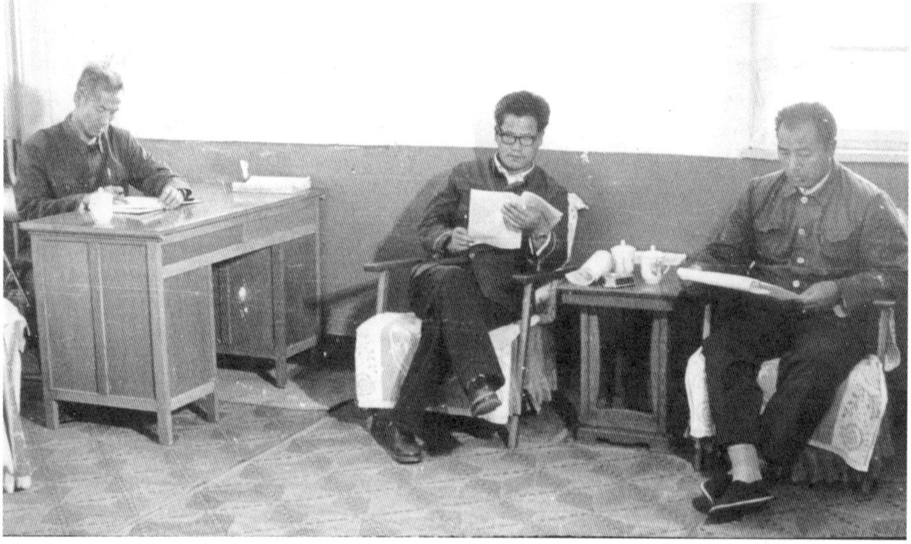

筹建领导小组会议 董明高（右一）、宋嘉喜（秦市开发办工程师，中）

筹建领导小组会议 张建智（左）、杨文山（秦市教育局副局长，右）

1984年9月7日

秦皇岛市人民政府〔1984〕第158号《关于成立燕山大学筹建领导小组及其办事机构的通知》（9月12日又经市政府增补）筹建领导小组。组长：林秀安；副组长：高铁生、董宝鑫、齐建国。

1984年9月20日

院党委第五次会议，研究有关秦皇岛分校设计任务书（草案）的说明，党委同意分校建设分两步走，远景规划为在校学生5000人，设立10个系29个专业。

1984年9月25日

学院承担的省、市重点科研项目——大型容器封头无胎旋压模拟机建成。

1984年9月27日

机械部何光远副部长审批签发机械工业部〔1984〕机教函2017号《关于调整东北重型机械学院及其分校一九八四年基本建设计划的通知》。

1984年9月30日

东北重机学院党委第六次会议决定成立秦皇岛分校筹备处临时党总支委员会，提请秦皇岛市委审批；同时决定10月6日召开秦皇岛分校（燕山大学）筹备处及燕山新技术开发公司成立大会。

1984年10月1日

经机械工业部批准，正式启用“东北重型机械学院秦皇岛分校”公章。

（四十二）东北重机学院秦皇岛分校（燕山大学）筹备处成立大会举行

1984年10月6日

东北重机学院秦皇岛分校（燕山大学）筹备处成立大会在国家体委秦皇岛体育基地隆重举行。机械工业部教育局局长程光、秦皇岛市顾二熊代市长、王宏烈副市长、市教育局基建财务处唐秀勤处长等参加了会议。学校领导林秀安院长在讲话中总结了学院建院的经验，提出了建设分校的指导思想：以改革开放为指导，学校建设要速度快、路子新、见识远。要把学校办出自己的特色，走自己的路。分校建设要有远见，要高标准，要适应现代化的需要，有发展余地。学校要在三年形成重点，五年达到规模。

筹备处成立大会

筹备处成立大会上，程局长（右一）、顾市长（右二）、林院长（左一）、李书记（左二）等亲切谈话

1984 年 10 月 8 日

学院举行金属材料学科首届硕士学位毕业论文答辩会，由赖道明教授主持。

1984 年 10 月 14 日

机械工业部以〔1984〕机教函字 2220 号文就东北重型机械学院在秦皇岛市建立分校问题致函河北省人民政府。函中指出：建立分校（燕山大学）并联合进行经济技术开发，有利于开放城市的建设和发展，有利于把学校办成多科性高水平的重点大学。

1984 年 10 月 12 日

机械工业部副总工程师李守仁两次主持会议，院长林秀安、党委书记李志超等参加了会议。进一步明确了富拉尔基本部暂维持现有规模，仍是院本部所在地。

1984 年 10 月 18 日

84 级本科生和研究生开学典礼在重机厂职工影院举行。

1984 年 11 月 12 日

杨基厚副教授应邀参加了在西德克隆召开的国际应用工程与工程技术教育会议并参加了有关高校和研究所会议。

1984 年 11 月 13 日

齐齐哈尔市机械工程协会机械传动专业委员会成立。

1984 年 11 月 18 日

院党委会讨论通过了上报给黑龙江省高教局党组的报告《关于我院筹建秦皇岛分校情况的报告》（东重发〔1984〕47 号）。

1984 年 11 月 23—25 日

燕山大学在秦皇岛市召开总体设计方案评审会，机械工业部基建局汤不凡副局长、教育司基建财务处靳铁珊副处长、市政府副秘书长王春田、秦皇岛市建委董宝鑫副主任、校长林秀安及有关人员参加了会议。

1984 年 11 月 24 日

林秀安院长、董明高处长同新加坡实际集团林开中主席、陈少谦先生就燕山大学设计问题举行谈判，新加坡实际集团同意将设计费提取标准从 10% ～ 12% 降至 2%，燕山大学同意新加坡实际集团和机械工业部设计总院联合承担初步设计与施工图设计。

1984 年 11 月 29 日

机械工业部以〔1984〕机计函字 2519 号文正式下达《关于对东北重型机械学院秦皇岛分校（燕山大学）基本建设设计任务书的批复》，《批复》确定本期建设到 1990 年基本建成在校规模 3000 人，其中本科生 2400 人，研究生 240 人，远期发展到在校生 5000 人。确定本期工程设置 7 个系、18 个专业，新建校舍 154000 平方米，总投资 7600 万元（其中学校自筹 1500 万元）。鉴于国家安排投资尚有一定困难，不足部分可争取地方低息贷款或集资解决。建设进度力争在“七五”期间完成，要根据资金落实情况在初步设计时具体确定。《批复》要求做到投资省、速度快、质量好、经济效益高，把学校建成多科性的、高水平的重点大学。

1984 年 12 月 3 日

兴华工程咨询公司（机械工业部设计研究总院）和新加坡实际集团有关设计人员根据评审会和学校的意见，完成燕山大学总体建筑设计方案（综合方案）。

关于燕山大学的设计合同签字仪式

1984 年 12 月 8 日

河北省城乡建设环境保护厅的冀建征〔1984〕418 号文件下发《关于机械工业部燕山大学（东北重机学院秦皇岛分校）在白塔岭建校的通知》，通知秦皇岛市人民政府，并抄送省有关厅局。

1984 年 12 月 16 日

秦皇岛市计委下发秦计基〔1984〕178 号《关于下达一九八四年部分自筹基建项目调整计划的通知》，批准燕山大学自筹基建计划指标 600 万元，用于征地、设计费等。

1984 年 12 月 21 日

河北省人民政府冀政征〔1984〕456 号，批准燕山大学第一批征用建校用地 470 亩，24 日秦皇岛市建委、秦建〔1984〕132 号根据省政府批准文件，正式通知有关乡、村政府。

（四十三）锻压设备研究室成立

1984 年 12 月 27 日

学院第一次职工代表大会和第二次工会会员代表大会召开。

东北重型机械学院第一次教工、第二次工会会员代表大会于 1984 年 12 月 27 日至 29 日在院图书馆演讲厅隆重举行，出席大会的正式代表 100 多人。

学院锻压设备研究室经第一机械工业部批准正式成立。

1984 年 12 月 28 日

林秀安院长在学院教职工代表大会上作了题为“搞好本校调整提高，加快分校建设速度，为把我院办成多科性的高水平的重点大学而奋斗”的报告，根据机械工业部两个《批复》，详尽地提出了分校各项建设任务，争取 1985 年招生。

【两地办学】

南北两校　比翼齐飞

（1985—1997）

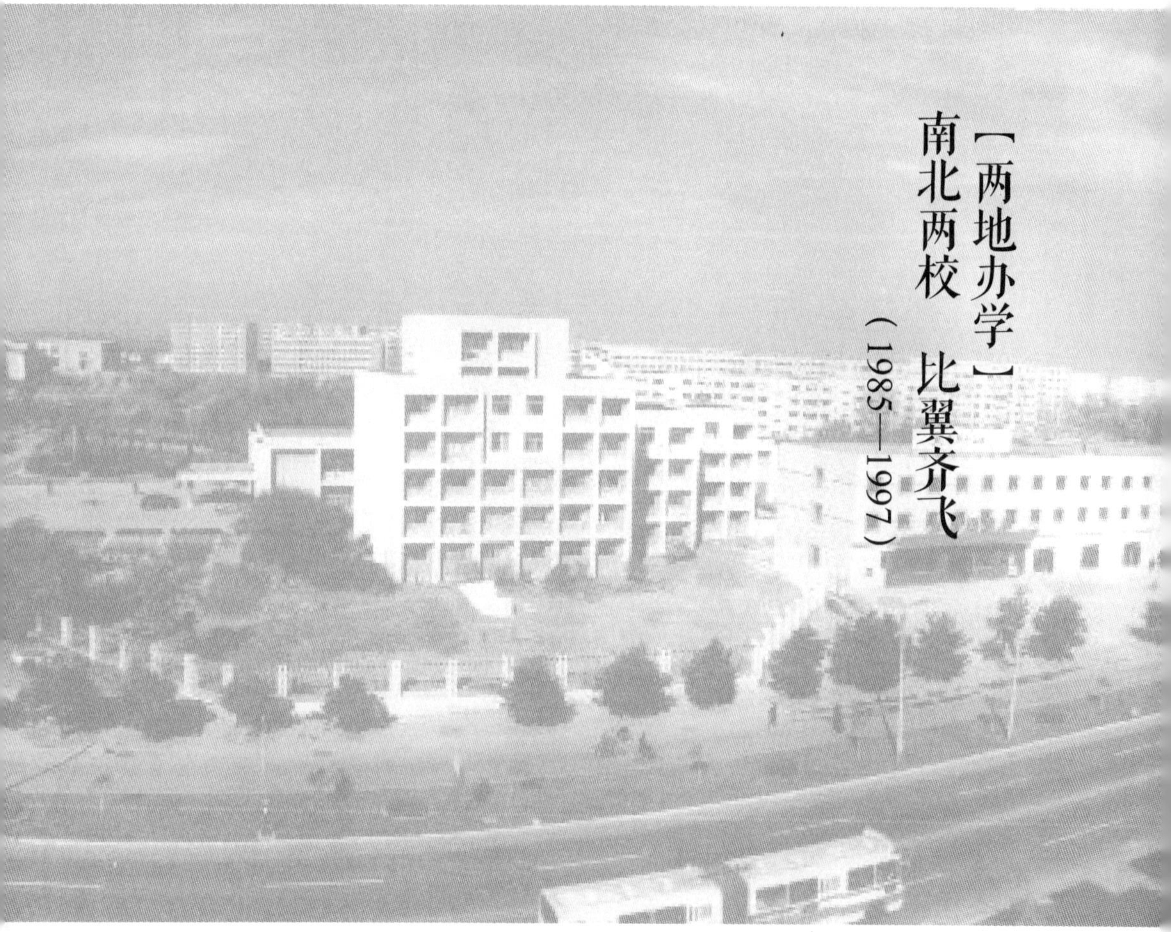

为适应改革开放的需要和学校自身的发展，经原国家机械工业部批准，1984 年东北重型机械学院在沿海开放城市——河北省秦皇岛市创建分校，形成了两地办学、比翼齐飞的格局。

东北重型机械学院秦皇岛分校（燕山大学）的建立，既开创了跨地区办学以及当年设计、当年施工、当年招生的先例，也为东重的长远发展奠定了坚实的基础，翻开了历史上崭新的一页。

在校本部的大力支持下，分校建设飞速发展。1985 年 5 月 10 日，燕山大学基建工程正式破土动工。当年 10 月 3 日，首批学生入学。当时尚无一座完整的建筑，只能在简易的教室、宿舍、食堂内学习和生活。全体教职工坚持与学生同甘共苦，在这种精神的感召下，学生情绪稳定，教学秩序井然，使初创的燕山大学站稳了脚跟。

年轻的东重分校（燕山大学）开始了“二次创业”，在克服了重重困难后，东重（分校）不断发展壮大。在分校—南校—燕山大学三个阶段中，印下了东重人踏步前进的足迹，展示了东重人艰苦奋斗、自强不息的风采。至 1996 年 8 月，北校南迁完毕。1997 年 1 月经国家教委批准，东北重型机械学院更名为燕山大学。

（一）系、部调整成立社会科学部

1985 年

自控系领导研究决定购买两台洗衣机解决学生洗衣难问题。

校刊实行新的稿酬标准。经主管领导同意，今年将执行新的稿酬标准，总精神是在原稿酬的基础上提高一倍。

学院被今年国际有关学术会议评审录取的论文篇数创学院一项纪录——达 16 篇。

学院教师刘才从英国获博士学位后返校。

进行系、部调整，成立社会科学部。

学院在全省统战工作会议上获“侨务工作先进单位”称号。

轧钢专业教师刘才（左二）
在英国伯明翰大学攻读博士

1985 年 1 月 1 日

学院将于 1985 年 1 月中旬开始整党，学院已成立了整党领导机构，并按照验收标准的要求，抓紧进行整党前的各项准备工作。

1985 年 1 月 5 日

党委召开座谈会广泛征求党内外人士意见。元月 5 日院党委按整党部署，邀请了几位离休老同志和一些党外人士召开座谈会，就学院如何搞好整党工作倾听这些同志的意见。

由学院教师华仲新完成的“YZS 应变式综合实验装置”通过部级鉴定。该装置在我国应变（应力）实验装置中实属首创。

（二）第一次研究生工作会议召开

1985 年 1 月下旬

学院研究生工作会议于 1 月下旬召开，会议总结交流了学院自 1978 年恢复招收研究生以来，在研究生培养、管理工作上取得的经验。

1985 年 1 月 24 日—2 月 16 日

林秀安院长、连家创副院长、董明高处长和机械工业部教育局基建财务处唐秀勤处长等组团去新加坡和中国香港。

1985 年 1 月 29 日

在学院召开了“薄带拉伸弯曲矫直”评审会。

（三）工企微机室建成投入使用

1985 年 2 月 2 日

学院进入整党第一阶段。根据《中共中央关于整党的决定》的要求，按照中央和省委市委对第二期整党的工作部署，经市委整党办的同意，学院从 1 月 14 日开始全面整党，已经进入了第一阶段及学习整改阶段。

市科委鉴定了学院研制的 4 个科研项目。

学院工企微机室建成，目前已经投入使用。

1985 年 2 月 6 日

学院计算机系和富区教育团委联合举行了“中小学师生微机竞赛”。为了普及微机知识，学院计算机系在为富区中小学师生举办微机技术学习班的基础上于 2 月 6 日和富区教育团委联合举行了“中小学师生微机竞赛”。

1985 年 2 月 23 日

党委召开了总支书记和部分部门负责人会议，会议传达了市委书记于宏达同志的讲话，就如何贯彻关于加强精神文明建设进行了动员部署。2 月 23 日晚，学生工作部召集学生干部进行了“五讲四美”活动动员。

1985 年 3 月

学院三项科研项目获机械工业部 1984 年科技成果奖：“平面连杆机构的分析与综合”（包括刘葆旗的“单、双直线导路机构的综合公式及图谱”、杨基厚的“铰链四杆机构的空间模型与性能图谱”）获一等奖；林秀安课题组的“大型液压立挤钢管工艺试验”获三等奖；朱之超课题组的“多辊行星轧机及其工艺参数的研究”获三等奖。

1985 年 3 月 4 日

林秀安院长、李志超书记向机械工业部教育局汇报秦皇岛分校筹建和初步设计进行情况，局领导贾成炳、唐秀勤、郝广发等同志在场。

1985 年 3 月 9 日

林秀安院长向机械工业部何光远副部长汇报燕山大学筹建情况和初步设计情况，何部长对燕山大学在十分困难的情况下取得很大进展表示满意，并对在秦皇岛分校建立旅游管理专业表示很感兴趣。

（四）建立领导接待学生来访制度

1985 年 3 月 18 日

学院建立领导接待学生来访制度。为了促进学院改革的进行，进一步密切群众的联系，学院决定建立领导接待学生来访制度。领导接待学生来访制度规定每周四下午 1 点半到 5 点在 239 会议室，由院领导轮流值班，直接接待学生来访，对所反映问题进行直接处理。

院卫生所为全体师生员工进行了一次规模空前的健康检查。

院党委召开了科级（讲师）以上干部（教师）会议，彭涛同志传达了全国高等教育工作会议精神，并向全体与会同志谈了我院的贯彻意见。

1985 年 3 月 30 日

学院召开“五讲四美三热爱”活动工作安排会议，院五讲四美三热爱委员会成员及各系党支总书记参加了这次会议，并就今年学院五讲四美三热爱活动工作的安排进行了认真讨论。

锻压设备及强度研究室仅用两个月的时间就完成了立挤管材模拟实验的模具设计制造任务，为下一步立挤钢管的模拟实验奠定了技术基础。

1985 年 4 月 5 日

河北省人民政府〔1985〕冀政函字 24 号，致函机械部表示欢迎东北重型机械学院在秦皇岛建分校。

秦皇岛市人民政府〔1985〕第 46 号《关于燕山大学 1985—1990 年在校生和教职工及其家属落户计划报告的批复》“同意按历年下达的招生计

划和教育部关于高等学校学生和教职工的编制比例分期迁入我市”。

1985年4月8日

学院研究生会筹委会正式成立。召开此次会议的目的是总结和交流教学经验，表彰先进单位和个人，推动教学研究工作的开展，青老互相鼓励，努力把学院教学质量提高到一个新水平。

1985年4月11日

中共秦皇岛市委组织部〔1985〕组干字52号《关于建立东北重型机械学院秦皇岛分校委员会的批复》：“经市委研究同意成立中共燕山大学委员会，委员会由6人组成，党委书记李志超（兼）。党委委员：林秀安、齐建国、臧瀛芝、张建智、董明高。”

1985年4月13日

学院在大庆举办的短训班结业，结合大庆工程技术中的实际问题，以工程技术和机床液压传动以及控制为主制订教学计划，得到了意想不到的收获。

1985年4月20日

燕山大学与辽宁省第一建筑工程公司签订学生宿舍、食堂施工合同，合同规定工程竣工日期为1985年9月20日，室外工程在10月20日完工。

1985年5月4—5日

确定教学楼、材料馆由哈尔滨龙华建筑工程公司负责施工。合同规定教学楼1985年9月25日竣工，材料馆11月15日竣工。

1985年5月9日

学院在俱乐部召开了丁红军同志先进事迹报告会。会上，驻齐部队“丁红军事迹报告团”郭团长报告了丁红军同志的先进事迹及他的成长过程，播放了部分群众对丁红军同志先进事迹的赞扬和评价的录音，给到会的师生员工上了一堂生动的共产主义思想教育课。

1985年5月14—16日

为加强学生思想政治工作，党委于5月14日召开了全院思想政治工作座谈会，于16日下午结束。座谈会由团委副书记彭涛同志主持，会议认真贯彻省高校学生思想政治工作座谈会精神。

1985年5月24日

学院党政主要领导同志和各系、处、部、办的负责人出席了会议，党委有关领导讲话，团委副书记梁颖琦同志作了工作报告。深入开展学雷锋、创三好、争先活动。

1985年5月26日

经党委会讨论，成立计算中心和体育教研室。

（五）林秀安院长会见河北省张曙光省长

1985年6月4日

林秀安院长陪同机械工业部教育局程光局长、中国科技大学党委副书记、副校长马西林（原东北重型机械学院副院长）去石家庄向河北省张曙光省长汇报工作，张省长对在秦皇岛联合办燕山大学的大方向给予充分的肯定，并表示明年在经费上要给予支持。同时王祖武副省长、省教育厅都表示支持在河北省办一所重点大学。

1985年6月5日

王祖武副省长、省人大常委会副主任王幼辉在顾二熊市长的陪同下来分校燕山大学视察，表示一定支持把分校燕山大学办成河北省较好的学校。

党委组织部在老干部活动室主持召开了新离休的老干部座谈会。李志超阐述了老干部退居二线的意义，充分肯定了他们的贡献。

1985年6月

经机械工业部党组批复，宋维公同志兼任燕山大学党委副书记，主持分校燕山大学党委工作，聂绍珉兼任分校燕山大学副校长主持日常工作。

1985年7月

燕山大学职工深入工地参加建校劳动。燕山大学为保证学生宿舍楼、学校食堂和教学楼按期交付使用，先后从教务、党务各口抽调部分同志参加施工现场质量检查工作，督促乙方保质保量地完成任务。

建校初期劳动场面以及林秀安、宋维公等在工地

燕山大学初建时期的燕鸣湖

燕山大学初建时期的桃园

1985 年 7 月 9 日

学院举办第十一届田径运动会，有 7 人打破了 6 项校记录。

1985 年 7 月 25 日

经中共齐齐哈尔市委批准，学院高等数学教研室黄孝耀副教授恢复了

36年前的党籍。

学院举办85届毕业生毕业典礼。

1985年8月24日

燕山大学研制的轴向柱塞泵成果转让天津。

校新技术开发公司与天津高压泵阀厂达成共同开发推广双端面配油开路式柱塞泵的协议。

1985年9月1日

学院对科研做出成绩的闻德生同志予以奖励：（1）新型轴向柱塞泵研究课题建立实验室，使这项研究更好地开展；（2）给闻德生同志增加两级工资；（3）优先调整一套住房给闻德生同志。

机械系采取批评教育同行政处罚相结合的措施，坚决纠正学生中存在的不良风气。

冶金系为加强学生们精神文明建设，开展爱国主题教育，积极开展“每日一歌”活动。

1985年9月4日

学院85级新生开学典礼在学院职工电影院隆重举行。

1985年9月10日

学院教师杜文升等同志承担的机械工业部教育局考核项目“时分制1：N无线温、湿度遥测遥控系统”通过市科委的鉴定。

学院隆重庆祝第一个教师节。

1985年9月16日

学院参加了齐齐哈尔市首届科技成果交流交易会并取得成功。

1985年9月20日

学院整党进入查改阶段。按照市委的部署在市整党办驻学院联络组的帮助指导下，依照学院整党实施方案的安排，学院整党工作已经进入第二阶段——查改阶段。

1985年9月21日

“优质服务文明窗口竞争表彰会”在图书馆演讲厅举行。

1985 年 10 月 1 日

学院大型锻件直径自动测量系统通过了鉴定，激光测量大锻件热态直径获成功，该系统设计先进可靠，将激光束应用于测量大型锻件的热态直径的研究是国内首创，完全满足了大型锻件的生产测量精度要求。

1.2 ～ 1.4m 封头无胎冷旋压机设计方案审查在学院通过，设计方案审查会在 10 月 8 日由齐市科教委主持在学院举行。

（六）燕山大学首批新生入校

1985 年 10 月 3 日

燕山大学连续四天迎接首批研究生和大学生入校，来自全国 20 个省市的 96 名研究生和 597 名大学生喜气洋洋地跨入校园。

（七）研究生工作会议召开

1985 年 10 月 3 日

总结交流了学院自 1978 年恢复招收研究生以来在研究生培养、管理工作上取得的经验。会议还认真讨论了学院的《研究生工作条例》，并提出了修改意见。

1985 年 10 月 5 日

基础部党总支介绍了搞好对照检查的做法和经验。

新生按计划开始报到入学。燕山大学第一次在全国 19 个省市招收本科生。实际报到的本科生 436 人、研究生 95 人、专科生 155 人、代培生 17 人，共计 703 人，比计划招生人数多了 282 人。

1985 年 10 月 9 日

学院液压教师闻德生发明的 25KZB 泵送北京“首届全国发明展览会”参展并获得发明奖。

（八）学校机构确定五系三部

1985 年 10 月初

学校机构于本学期初已经确定。学校设五系三部，即机械工程一系、二系，材料工程系，计算机工程系，管理工程系，社会科学部，基础部，研究生部。

1985 年 10 月上旬

由学院金相教研室讲师管述哲和第一重机厂合作历时两年半完成的“锻造半钢压辊”通过鉴定。

1985 年 10 月上旬

学院各科教师约 50 人，分三批为秦皇岛分校学生开基础课。

1985 年 10 月 13 日

由学院与佳木斯电视机总厂合作研制的“库房计算机管理系统”最近通过部队鉴定。

学院材料学教研室今年第三次当选为齐齐哈尔市红旗班组，教研室主任王秉儒同志当选市优秀班组长。

1985 年 10 下旬

燕山大学在建校初期为秦皇岛市举办的英文秘书班结业。该班授课一年，学员 35 人。

1985 年 11 月 15 日

国际轧钢年会在日本举行，连家创教授宣读了《板型和横向厚差控制的分析》论文，并回答问题。

连家创教授在日本参加第一届国际轧钢年会

1985 年 12 月 1 日

学院 1985 年教学系列改革措施正在落实并试行中，有的已初见成效，措施如下：（1）修订了 85 级教学计划试行了学分制；（2）进一步抓好微机教学；（3）设立并颁发了教学优秀奖；（4）鼓励教授、副教授讲课。

1985 年 12 月 14 日

齐齐哈尔市科委主持召开《微型汉字处理设备管理系统》技术鉴定大会，该课题由计算机系邹沐昌老师和设备系何宝滨老师共同完成。

1985 年 12 月 17 日

东北地区机械原理研究会于哈尔滨成立。学院机械原理教研室应邀参会，并被推选为理事单位。

1985 年 12 月 18 日

“大型锻件热态直径自动测量系统”通过鉴定。此项成果由学院锻压教研室教师潘景升、杭志斌研制。其中将激光束应用于测量大型锻件的热态直径的研究在国内是首创。

（九）《燕山大学学报》创刊

1985 年 12 月 28 日

《燕山大学学报》创刊。机械工业部副部长、中共机械工业部党组副书记何光远同志应邀为燕山大学校刊题词：努力办好燕山大学，为国家多出人才，出好人才。

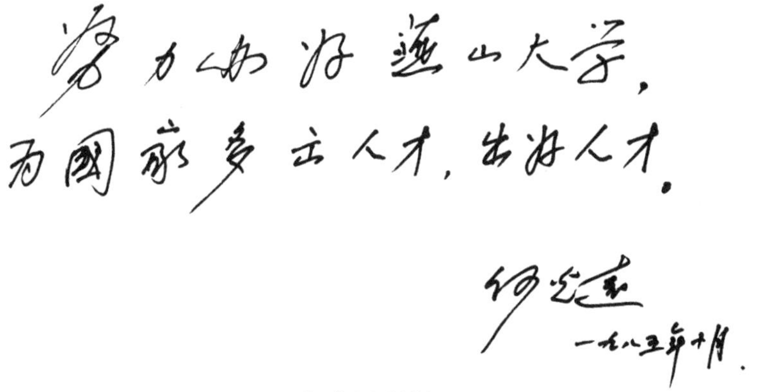

何光远题词

美国英语学会会员沃伦•奥斯汀、莱茵•斯旺森（女）来学院任教。

全校成立 3 个党总支、15 个党支部，有党员 93 名，其中教职工党员 38 名。

1986 年

学院教师王德祥、杨光研制的“凹模回转高速自动冷镦机”通过部级鉴定，该成果在自动冷镦机的设计与制造上是国内首创，在国际上属先进。

学院与富区劳动局联合举办的技术工人培训班开学。

学院曹洪德和才志华等人研制的“热轧全波纹腹板H型钢及技术”在第三十五届布鲁塞尔尤里卡世界发明博览会上获金质奖。

（十）第一个全院性大学生摄影组织成立

1986年1月5日

全国第二届机构学术研讨会在山东泰安召开。会议讨论的主题是平面连杆机构以及机器人等，学院代表宣读了11篇论文。

学院第一个全院性大学生摄影组织成立。

1986年1月27日

学院与建华机械厂共同研制的“1800T筒式超高压水压机”通过鉴定，填补了新机型的空白。

1986年1月31日

由东北重型机械学院和陕西延安设备厂、冶金部北京钢铁研究总院共同承担的国家经委科研项目MS-9C-400轧机在北京通过鉴定。该发明由东北重机学院与陕西西压延设备厂、冶金部北京钢铁研究总院共同承担，六辊轧机研制跨入世界先进行列。中央电视台在《新闻联播》节目里报道了这一消息后，《人民日报》《中国机械报》也报道了这一消息。

1986年3月14日

院党委书记李志超同志在258教室给全体党员上了一次题为“巩固和发展整党成果，争取在一年内实现我院党风基本好转”的党课。

1986年3月15日

学生宿舍和食堂的内部装修全部完成，学校决定将700平方米的食堂二楼暂做图书阅览室。

学院大型锻件热态直径自动测量系统通过鉴定。潘景升、杭志斌两位教授的这项发明解决了水压机锻造工人用检漏工具测量锻件直径的问题。

1986年3月17日

院工会委员、财经委员及各部门工会主席到会听取了院工会主席刘泰传达的省市工会工作会议内容和院工会1986年度工作计划。

1986 年 3 月 20 日

美国中国联络公司郭丽达及助手与柯秉衡一同来校，与学校洽谈共同合作建立饭店及旅游管理人员培训中心和英语培训中心问题。

1986 年 3 月 20 日

校领导强调：学校要加强精神文明建设，管理工作也要为精神文明建设负责。师生员工大会上，党委副书记宋维公同志强调：学校已诞生一年，今后思想政治工作的主要任务是集中抓好教职工的精神文明建设。

1986 年 3 月 29 日

林秀安校长在师生员工大会上强调：燕山大学建设去年立住了脚跟，今年要改变面貌，明年要初见成效。

1986 年 3 月 30 日

经过两个多月的集中和分散的多次检查和观摩教学，评选出 6 个先进实验室，分别为：轧钢实验室、化学实验室、锻压实验室、电子实验室、教学微机室。

1986 年 4 月 1 日

燕山大学伙食科实行承包责任制。

伙食科从今年 4 月 1 日起到 7 月 31 日，按国家规定的就餐人数与炊事人员的比例试行定员承包责任制。

1986 年 4 月 6 日

燕山大学植树 20000 余株。从 4 月 6 日起到 4 月 8 日止，燕山大学首批研究生和本专科生先后有 11 个班级参加了植树劳动。

1986 年 4 月 9 日

秦皇岛市副市长石春贵来校与校长助理齐建国等谈联合办外语专科。

秦皇岛市副市长石春贵（右）与校长助理齐建国（左）会谈

1986 年 5 月 18 日

河北省省长解峰和副省长王祖武分别在顾二熊市长和石春贵副市长陪同下来学校视察。观看了学校规划模型，听取了林秀安院长对学校一年多来建设和教学情况的汇报，参观了学生宿舍、学生食堂及教学楼建筑工地。解省长对学校建设速度之快感到十分满意，对学校今后的发展提出了殷切的希望。

连家创（前右）陪同解峰（前左一）等视察

1986 年 5 月 24 日

燕山大学为期两周的教学检查于 5 月 24 日结束。检查内容主要是各门课程的教学质量、实验课的教学质量、教师教书育人的情况、学生学习态度和教学秩序以及学生学习中存在的问题等。

（十一）第一次学代会召开

1986 年 5 月 25 日

燕山大学第一次学生代表大会召开，为时 1 天。

燕山大学第一次学生代表大会

1986 年 5 月 26 日

学校召开校长办公会，讨论机构设置。会议决定全校行政系统设职能处室、直属单位、教学单位，并明确了各处下属科室的设置。职能处室包括：校长办公室、教务处、科研处、人事处、财务处、保卫处、基建处、总务处、图书馆。直属单位包括：开发公司、高教研究室、学报编辑室。教学单位包括：机械系、材料系、计算机系、管工系、研究生部、基础部、社科部。党委系统设纪检委、党办、组织部、宣传部、团委。

（十二）燕山大学招待所开业

1986 年 5 月 27 日

市工商行政管理局秦工商〔1985〕54 号文件，批准燕山大学招待所开业。

经市委研究同意，市委组织部组干字〔1986〕第 1 号文批复，张立盛、梁颖琦二位同志为中共燕山大学委员会委员，免去臧瀛芝、张建智、董明高三位同志中共燕山大学委员会委员职务。

1986 年 5 月 29 日

机械工业部在北京召开机械工业工作会议。会议的中心议题是分析机械工业面临的新形势，统一思想认识，总结机械工业"六五"计划的执行情况，落实"七五"任务，研究机械工业体制改革的新问题，部署下一步改革工作。

1986 年 6 月 11 日

林秀安院长和副书记宋维公会见了美国托利多市友好城市代表团团长多娜•欧文斯市长，双方就燕山大学与托利多大学建立校际友好合作关系问题进行了初步商谈。

1986 年 6 月 12 日

燕山大学党委于 6 月 12 日发文表彰一批优秀共产党员和先进党支部。

1986 年 6 月 18 日

东北重型机械学院总校召开思想政治工作经验交流会。东北重型机械学院分校派出代表并介绍了经验。

1986 年 6 月 26 日

东重党委东重发〔1986〕28 号文件向河北省委组织部呈报《关于组成东北重型机械学院秦皇岛分校（燕山大学）领导班子的报告》。文中报告，经机械工业部研究决定秦皇岛分校（燕山大学）领导班子由本校领导班子兼任。

李志超同志兼任中共东重型机械学院秦皇岛分校（燕山大学）委员会书记；

林秀安同志兼任东北重型机械学院秦皇岛分校（燕山大学）校长；

宋维公同志兼任中共东北重型机械学院秦皇岛分校（燕山大学）委员会副书记；

聂绍珉同志兼任东北重型机械学院秦皇岛分校（燕山大学）副校长。

1986 年 7 月 12 日

黑龙江省首届技术成果交易会在哈尔滨举行，学院十余项成果参展。

1986 年 7 月 24 日

姚依林副总理到燕大视察，观看了燕山大学总体规划模型，询问了学校筹建、招生和专业设置情况，并与部分教授、副教授合影。

姚依林（中）与部分老教师合影

1986 年 8 月 2 日

中共秦皇岛市委组织部〔1985〕组干字 158 号文件下达关于增补聂绍珉同志为燕山大学党委委员的批复。

1986 年 8 月

彭真委员长为燕山大学题写校名。8 月，在北戴河办公的全国人民代表大会常务委员会委员长彭真同志亲笔为学校题写校名“燕山大学”。

彭真题词

1986 年 8 月 12 日

“1800T 筒式超高压水压机”通过部级鉴定。据悉，该水压机已被编进由沈鸿主编的《机械工程手册》（机械工业出版社出版），又被编进清华大学等单位编写的《水压机》一书。该科研成果由学院黄学玲、赵文完成，由东重和建华机械厂共同研制。

学院连家创教授等研制的“板厚板形综合控制”项目使我国轧制项目有所突破，通过齐齐哈尔市科委的鉴定。

1986 年 8 月下旬

从 8 月下旬开始，燕山大学 200 余户职工从富拉尔基东北重机学院陆续迁到秦皇岛。

1986 年 9 月 3 日

学院第十七届田径运动会在运动场举行。本届运动会共进行 21 个比赛，竞走、女子 4×200 米接力是学院首次开设的比赛项目。

学院轧钢专业教师刘才赴沪讲学。

1986 年 9 月 10 日

由任兴利教师研制的适用于各个家庭使用的全新的小型多功能身体训练器——XDI- 普及型多功能健美器在齐齐哈尔市科委主持下通过了部级鉴定。

学院庆祝第二个教师节。学院 58 位教师在“庆祝第二个教师节座谈会”被授予机械工业部颁发的“从事教育工作满三十年荣誉证书”，轧机教研室当选为省教育系统先进集体，王准、高宝珍、高新当选为省教育系统劳动模范。

1986 年 10 月 21 日

由学院曹洪德、齐占庆老师经过 4 年多努力研制成功的 H 型钢轧机关键技术研究通过鉴定。世界上只有 19 个国家能够生产，在我国尚属空白。

1986 年 10 月 27 日

燕山大学校长林秀安教授赴美考察，11 月 9 日圆满完成考察任务返回秦皇岛。林秀安校长随秦皇岛市经济技术考察团赴美国托利多市访问，在访问期间，林校长同托大校长詹姆斯米考密斯等多次举行会谈。双方一致同意并于 10 月 31 日签订了《中国燕山大学同美国托利多大学建立校际友好合作关系协议书》。

1986 年 11 月 1 日

燕山大学宋维公副书记赴京学习归来。燕山大学党委副书记宋维公同志参加了 11 月 1 日至 12 月 1 日在北京中央行政学院举办的全国重点高等院校党委书记研讨班。

1986 年 11 月 21 日

学校召开校长办公会，会议明确了生活服务部的机构，决定下设 5 个科级单位，即办公室、招待所、托儿所、生产科、服务科。

1986 年 12 月 10 日

学校召开校长办公会，会议决定寒假期间由本校调分校 5 万册图书，并决定寒假过后筹建印刷厂。

全校到年底共有 5 个党总支，25 个党支部，有党员 274 名，其中教职工党员 168 名。

1986 年 12 月 27 日

部属东北五院校科研检查团对学院科研工作进行检查，并给予好评。

1987 年

一套由日本引进的 EW-7700N 型语言学习设备在“语言实验室”安装调试完毕，即将投入使用。

学院实行贷款制度。学院 87 级学生取消助学金制度，实行贷款制度。在籍学生均可申请，分为定期贷款和临时贷款。定期贷款根据家庭状况分为三等，分别是每学年 300 元、200 元和 100 元。临时贷款用于临时发生困难的学生，每人每学年不超过 60 元。

学院王德祥、杨光研制的“三冲程凹模回转高速冷镦机”在第三十六届布鲁塞尔尤里卡世博会上夺得金牌。

1987 年 1 月 18—28 日

校长林秀安教授应日本东京大学生产技术研究所中川研究室中川威雄教授的邀请，于 1 月 18 日到日本东京大学、日本上智大学及日本工业大学进行了为期 10 天的考察访问。同日本东京大学商定在燕山大学建立复合材料研究室，在上智大学咨询了校际合作的有关问题，在日本工业大学考察期间还作了报告。

（十三）外语系成立

1987 年 2 月 12 日

林秀安校长主持召开校长办公会，讨论决定兴建 3000 平方米的机械系实验楼；会议还决定成立外语系。

1987 年 2 月 17 日

由学院李秋山教师研制的于 1986 年 7 月交付用户使用的公文管理系统通过市科委的技术鉴定。

1987 年 2 月 24 日

原教育部副部长高沂一行 3 人来校参观，宋维公、连家创、聂绍珉、齐建国等校领导陪同。

1987 年 2 月 26 日

中央顾问委员会委员、原哈尔滨工业大学校长李昌等同志来校参观访问，还就当前坚持四项基本原则、反对资产阶级自由化、进一步明确社会主义大学政治方向等问题和师生进行了座谈，李昌同志还为学校题词：“继承民族传统，培养社会主义英才。”

（十四）国家机械工业委员会和河北省签署联合办燕山大学协议

1987 年 3 月 6 日

国家机械工业委员会和河北省签署联合办燕山大学协议，学校发展又迈出新步伐。国家机械工业委员会和河北省人民政府在秦皇岛市东山宾馆签署了一项协议，双方决定联合办好燕山大学。机械工业委员会副主任李守仁和河北省副省长王祖武同志分别代表国家机械工业委员会和河北省人民政府在《关于联合办东北重型机械学院秦皇岛分校（燕山大学）协议书》上签字。

1987年3月8日

燕山大学女大学生举行知识竞赛。

燕山大学团委、学生会在“三八”节期间组织女大学生进行了拔河比赛和智力抢答赛。

1987年3月12日

黄荣等8名同志获“优秀班主任”称号，院党委副书记武占元对上年工作进行了全面总结。

夜团校首期学员共577人，开设“只有社会主义才能救中国”等7个专题。

1987年3月21日

党委确定了今年工作的指导方针。校党委召开全校副科级以上干部会议，布置1987年度党务、行政工作。

1987年3月25日

学校召开伙食工作座谈会，认真征求学生就餐者意见。

1987年4月下旬

学院教师王德祥、杨光研制的“凹模回转高速自动冷镦机”通过部级鉴定，该成果在自动冷镦机的设计与制造上是国内首创，在国际上属先进。

1987年4月下旬

学院的“微机科研管理系统”和“成本核算、厂内银行计算机管理系统”科研项目通过市科委鉴定。

1987年4月底

燕山大学完成了中层领导班子调整工作。燕山大学中层领导班子的调整工作于4月底结束。经过调整、充实，各教学单位的党政中层干部已基本配备齐全。

1987年5月1日

原中国科技大学副校长、党委副书记，曾任东北重型机械学院副院长的马西林同志来分校访问，并与部分教师、干部座谈。

1987年5月3日

学院与富区劳动局联合举办的技术工人培训班开学。

院文协组织五四青年诗歌创作朗诵会。为纪念五四运动68周年，开展此次活动，共有72名同学参加，工企代表队荣登榜首。

1987年5月5日

康桐岭、李伯琴、周嘉迪、程传理4位集邮专家应学院团委和集邮协会之邀来学院讲学，深受学生欢迎。

1987年5月24日

托利多大学代表访问学校，双方签署了校际合作执行计划。应燕山大学校长林秀安教授邀请，美国托利多大学主管科研事务副校长比尔·福瑞先生和市场经济学教授布伦纳先生于5月24日至25日到燕山大学访问，双方就互派学者、培养研究生、学术交流等方面问题交换了意见，并达成了协议。25日下午林秀安校长和福瑞副校长分别代表两校在《一九八七年—一九八八年度校际合作执行计划协议书》上签了字。

1987年5月29日

林秀安院长出席了由学生总会和分会负责人参加的座谈会。林院长认真听取了代表学生对学院的教学管理、后勤卫生、课余活动及思想政治工作方面提出的意见与建议，当场作出了解释与答复。

1987年6月17日

在院图书馆演讲厅举行的“庆祝第二个教师节座谈会”上，学院58名教师获得机械工业部荣誉证书。

1987年6月23日

校党委做出决定，表彰一批先进党支部和优秀共产党员。

经分校党委研究，决定成立知识分子工作领导小组：

组　长：宋维公

副组长：聂绍珉

成　员：张立盛 刘兆杰 欧阳栋 王桂芳 杨绍维

知识分子工作领导小组办公室设在组织部。

1987 年 6 月 25 日

据机委党任字〔1987〕2 号文件和机委干任〔1986〕137 号文件，聂毓峰同志被任命为院党委书记，原书记离职休养。

（十五）燕山大学首届毕业生典礼

1987 年 7 月 7 日

首届学生毕业典礼

燕山大学首届学生毕业典礼在食堂二楼举行，会上宣布了孙显勇等 138 名干部专修科 85 级学生及王振臣等 21 名 85 级研究生班学生毕业的决定。林秀安校长在会上讲话，市教委党委书记杨文山同志、毕业生代表孟庆祥、在校生代表李昕同学分别发言，毕业典礼结束后，校领导与全体毕业生合影留念。

1987 年 7 月 11 日

全国人大常委会副委员长荣毅仁在市委书记白芸生、市长顾二熊同志陪同下来学校视察。在听取了林秀安校长的汇报后，荣毅仁副委员长参观了实验室，并题词："有根有据，打破常规，革新创新，振兴中华。"

荣毅仁题词

1987 年 7 月 24 日

国家机械工业委员会副主任何光远、唐仲文以及国防科工委综合计划部部长怀国模、河北省机械电子工业厅厅长原道谋及机械委各司局领导同志来学校视察。

1987 年 8 月 3 日

学院轧钢专业教师刘才应邀赴上海交通大学研究生院进行讲学。

1987 年 8 月 5 日

国家教委副主任朱开轩同志在市教委高应科副主任陪同下来学校视察。

朱开轩（左二）视察我校

1987 年 8 月 11 日

国家机械委副主任丁孝农、军工副总监田瑞章及原机械部副部长丹彤来学校视察。

1987 年 9 月 5 日

在第二届全国发明展览会上，由学院曹洪德、才志华等研制的热轧全波纹腹板 H 型钢及技术获得银质奖。

1987 年 9 月 18 日

河北省人大副主任潘成孝来学校视察。

（十六）燕山大学首届田径运动会召开

1987 年 9 月 25—26 日

燕山大学召开首届田径运动会。林秀安校长致开幕词，各组别共设 76 个比赛项目，1225 人次参加比赛。

燕山大学首届田径运动会

1987 年 10 月 1 日前夕

燕山大学召开“庆国庆迎十三大”茶话会。国庆前夕，在一片喜庆气氛中，学校召开了大型的“庆国庆迎十三大”茶话会。教师、学生、工人、干部代表80多人欢聚一堂，竞相发言，畅谈国家和学校在改革中的巨大成就。

1987 年 10 月 16 日

学院桥牌代表队一行 6 人，参加了齐齐哈尔市体育运动委员会举办的桥牌选拔赛（复式赛），市桥牌选拔赛三项冠军全部被学院获得。

学院史庆周与第一重型机器厂共同完成的“高速铝板压机液压厚调计算机控制系统研究——在 1700 毫米冷轧机上的工业实验”通过国家机械委重型机械局的技术鉴定。

1987 年 10 月 20 日

齐齐哈尔市富拉尔基区二十六选区的选举工作以差额选举方式确定 6 名候选人，并选用无记名方式差额选出甄殿发、王春福、胡国栋 3 名代表。

1987 年 10 月 27 日

由学院副教授苏升贵、靳辅安、高新与北京吉普汽车有限公司共同承担的科研课题“分模挤压精确模锻工艺”在北京通过鉴定。

学院热处理教研室廖波老师论文《镀层弯曲破坏过程的声发射研究》被“PVD 国际会议”选中，届时他将参加该会议。

1987 年 11 月 12 日

经校长办公会研究，决定进一步理顺分校的科研机构，设立轧钢机、锻压、自动化 3 个研究所，设立 22 个研究室、30 个教研室，并通过了各所、室负责人选。

1987 年 11 月 13 日

党委决定撤销学工部，设立学生工作处，归行政系统领导。

（十七）旅游管理系成立

1987 年 12 月 10 日

林秀安校长，连家创、聂绍珉副校长，齐建国等同志会签，一致同意成立旅游管理系。

到年底全校共有 8 个党总支，29 个党支部，全校共有党员 348 人，其中教职工党员 255 人。

1987 年 10 月 25 日

上午 9 时 55 分，燕山大学千余名师生集聚在电视机旁，收看十三大实况，认真学习十三大文献，沿着十三大指引的方向前进。

1988 年 1 月 16 日

学校召开校长办公会，撤销生活服务部，将其与总务处合并，保留大集体。会议还决定将由总务处房产科管理的学生宿舍划归为由学生工作处管理。

（十八）首位博士生答辩

1988 年 3 月 4 日

由连家创教授指导的冶金机械学科博士生刘宏民的论文答辩会隆重举行，并通过博士论文答辩。这是我校培养出的第一位博士生。

由东北重型机械学院和齐齐哈尔市第二机床厂共同承担的“无胎冷旋压工业性试验”项目被国家计委正式批准实施。这是学院承担的“七五”期间国家重点工业性实验之一。

1988 年 3 月 7 日

学校下发〔1988〕9 号文件，关于调整机构的通知：科研开发部改为科研处，撤销生活服务部，将生活服务部下设的服务科并入总务科，托儿所变成科级建制划归总务处。

1988 年 3 月 25 日

机械委教育局工作组王德臣副局长一行 6 人来燕山大学，考核校领导班子。

1988 年 3 月 28 日

学院 87 级新生开学典礼隆重举行。

1988 年 4 月 5 日

齐齐哈尔市人民政府召开全市民族团结先进集体、先进个人表彰大会，学院被评为先进集体并获市政府颁发的奖状。

1988 年 4 月 7 日

校友筹备会沈阳分会正式筹建并举行了第一次联络员会议。校友筹备会沈阳分会已由沈阳矿山机器厂发起，沈阳重型机器厂等十几家大中工厂的校友表示支持和赞同。4 月 7 日，举行了第一次会议。

1988 年 5 月 6 日

美国托利多市托利多十一频道电视台新闻代表团，一行 3 人来学校参观。

美国托利多市新闻代表团到学校采访

高级职称评审扫尾工作结束，评出教授 4 名，其中本校 1 名、分校 3 名，副教授 19 名，本校 9 名、分校 10 名，高级实验师 2 名，本、分校各 1 名。

（十九）机电部决定连家创同志任东北重型机械学院院长

1988 年 6 月 4 日

机电部任免通知（机电人任〔1988〕26 号），决定连家创同志任东北重型机械学院院长，宋维公、武占元、刘葆旗同志任东北重型机械学院副院长。

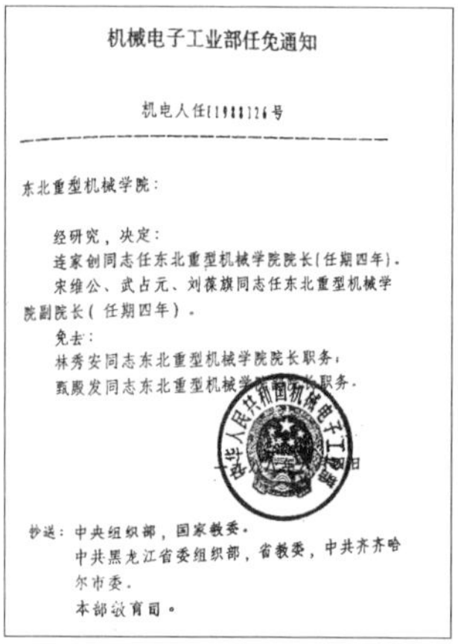

机械电子工业部任免通知

机电人任[1988]26号

东北重型机械学院：

经研究，决定：

连家创同志任东北重型机械学院院长（任期四年）。

宋维公、武占元、刘葆旗同志任东北重型机械学院副院长（任期四年）。

免去：

林秀安同志东北重型机械学院院长职务；

甄殿发同志东北重型机械[illegible]职务。

中华人民共和国机械电子工业部

[illegible]

抄送：中央组织部，国家教委。

中共黑龙江省委组织部，省教委，中共齐齐哈尔市委。

本部教育司。

连家创同志任免通知

连家创

中共国家机械委党组任免通知机委〔1988〕学43号同意甄殿发同志任东北重型机械学院纪委书记。

1988年6月

学校运动员参加秦皇岛市文教系统运动会，获团体总分第一名。

1988年6月8日

学院大学生科技协会成立。

1988年6月20日

东北重型机械学院青年数学会在图书馆演讲厅举行成立大会。

会上聂毓峰书记传达了3月初召开的委属院校领导干部研讨会的精神，传达了委教育局任局长和王副局长在本次会议上的谈话要点，并强调，要结合我院实际贯彻本次会议精神，满足对学校的要求。

1988年6月28日

齐齐哈尔市委副书记陈荣吉受机电部委托，代表市委在学院中层干部会上宣布新一届任免通知。

1988年6月29日

在学校中层干部会上，聂毓峰同志受机电部教育局委托，宣布院领导班子任免令（机电人任〔1988〕26号）。会上连家创代表新班子讲话，明确了今后本、分校的办学方针。新班子成立后实行校长负责制，行政系统中层干部任免权由校长行使，不再经党委讨论批准。

1988年7月1日

学院锻压教研室陶永发教授和杨煜生副教授承担的“新型锻造方法（FM法）的理论及应用研究”经过10名专家评审。

56名新党员进行宣誓，被表彰人员代表进行发言，院纪检委书记甄殿发传达了中共中央〔1988〕五号文件。

（二十）科技开发总公司成立

1988年7月8日

学校决定全校科技开发工作包括横向科研课题统一归科研处管理，成立科技开发总公司负责具体管理。

1988年7月12日

学校决定将机械系划分为两个系，即机械工程一系、机械工程二系，管理工程系和旅游系合并成一个系叫管理系，对外可仍叫两个系，两个系公章分别有效。

1988年7月

燕山大学大学生业余党校成立。校长：聂毓峰（兼）；副校长：张立盛（兼）、刘文（兼）。

1988年8月4日

国家教委副主任柳斌在市教委副主任高应科陪同下来学校检查工作，连家创、宋维公等校领导接待了柳斌副主任，并陪同参观了学校校园和部分实验室。

朱玉礼视察我校实验室

1988年8月6日

国家教委秘书长朱玉礼及教委办公厅郝主任来学校检查工作。

1988年8月17日

机电部副部长曾培炎、教育司司长任耀先同志来我校检查工作，连家创、聂毓峰、宋维公、聂绍珉等校领导汇报了学校情况，并陪同参观了实验室。

1988年8月23日

机电部教育司司长任耀先，黑龙江省教委主任孟新，哈尔滨工业大学、吉林工业大学、湖南大学、华东工学院等8所重点院校校长来我校参观。

1988年9月5日

学院召开中层干部扩大会议部署当前工作。

1988年9月17日

由学院史庆周教授和第一重型机器厂共同完成的国家经委课题“高速铝板轧机液压条计算机控制系统研究——在1700毫米冷轧机上的工业实验”

在哈尔滨101厂召开鉴定会。

（二十一）庆祝东重建院30周年

1988年9月21日

分校燕山大学热烈庆祝东重建院30周年。70余位校友、113名来宾和燕山大学全体师生员工欢聚渤海之滨，共同庆祝东北重机学院建院30周年。庆祝大会于下午5时在前道西滨海宾馆举行。会议由副校长聂绍珉主持，连家创校长、校友代表李道隆、原哈工大副校长高铁及学校教师代表赖明道分别讲话。顾二熊市长到会并讲话。

东重独立建院30周年校庆晚会

1988年9月28日

学校决定将机电产品开发公司划归机械二系，电脑商店划归科技开发总公司。

1988年10月7日

燕山大学举办第二届田径运动大会。运动会期间，800余名学生和300余名教工参加了比赛。

1988年11月12日

连家创校长访问美国托利多大学，同托利多大学校长福瑞先生、副校长艾伦先生进行了会谈，并正式签订了1989—1990年校际合作执行计划。

1988年11月18日

燕山大学对党员加强党性党纪教育，两次民主生活会效果明显。各党支部召开了民主生活会，这是本学期党委工作计划实施后的两次生活会。

1988 年 11 月 27 日

为纪念秦皇岛市解放 40 周年，燕山大学集邮协会、工会等部门联合举办了燕山大学首届专题邮展。

1988 年 12 月 8 日

顾二熊市长召集对话会。市长顾二熊、市委副书记朱桂英和市直有关部门的负责同志与燕山大学和东北工学院秦皇岛分院部分师生座谈。市长就治理经济环境、整顿经济秩序中的一些问题和大家交换了意见。

1988 年 12 月 9 日

燕山大学举行歌手大奖赛。为纪念“12·9”运动 53 周年，首届“华燕之声”歌星大奖赛在学校食堂举行。这次比赛由学工处、团委、学生总会联合举办。

燕山大学首届华燕之声歌星大奖赛

1988 年 12 月 28 日

截至年底，全校共有 10 个党总支、46 个党支部。全校党员总数 390 人，其中教职工党员 315 人。

1989 年 1 月 4 日

学校决定成立人事咨询委员会和职工代表大会筹备委员会。

1989 年 1 月 15 日

学校决定撤销机电产品开发公司。

1989 年 1 月 22 日

学院咨询公司举办的首期“技术合同法”培训班圆满结束。

1989 年 1 月 30 日

学校召开校长办公会，通过奖金承包暂行办法，并讨论住房私有化试行办法。

1989 年 3 月 11 日

学院召开了由各部委办处系党政负责人参加的中层干部会，就清理整顿小钱柜问题做出了部署。

1989 年 3 月 15 日

燕山大学举行秦皇岛市供需见面会。燕山大学邀请市领导机关和有关单位举行本专科生供需见面会。

1989 年 3 月 22 日

校党委召开组织工作会议。会议要求各党总支和直属支部要认真落实市委组织工作会议提出的各项任务，狠抓党的思想建设和组织建设，充分发挥党组织的战斗堡垒作用和党员的先锋模范作用。

1989 年 5 月 25 日

连家创、黄真参加在华东工学院召开的机电部第四批硕士学位初审专家会，学校检测技术与仪器专业初审通过。

1989 年 7 月 3 日

机电部教育司机教〔1989〕100 号文件，确定成立机械电子工业部教育干部培训中心，为全民所有制，自主经营，独立核算，并明确培训中心由部教育司和学校双重领导，管理工作以学校为主。

1989 年 8 月 1 日

学校决定将基建处并入总务处，合并后改为总务基建处。

1989 年 9 月

学校各级党组织自 5 月以来在两乱期间进行了大量的宣传教育、批评、劝阻工作，制止了校内非法活动的继续扩散。组织全校师生员工进行了系统的学习教育，消除了资产阶级自由化思潮的影响，9 月份完成了内部清理工作。

1989 年 9 月 1 日

无胎冷旋工业试验项目通过验收鉴定。

1989 年 9 月 10 日

学院第十九届田径运动会在体育场举行。

1989年9月16日

燕山大学代表队在9月16、17日秦市运动会上，以391分总成绩获大中专总分第一名。

1989年9月23日

黑龙江省教职改字〔1989〕21号关于下放教授、副教授任职资格评审权试点的通知。同意学校自动化、金属材料及热处理、金属塑性加工、机械学、冶金机械、电路与系统学科进行副教授任职资格评审权的试点。

1989年9月29日

中共秦皇岛市委〔1989〕122号下达《关于聂毓峰同志任职的通知》经研究决定：聂毓峰同志代理中共燕山大学委员会书记。

1989年10月11日

学校新变电所正式建成投入运行，缓解了教学、科研、生活用电紧张状况。

1989年10月20日

王祖武副省长第四次视察燕山大学。河北省副省长王祖武在张玉书副市长和市教委副主任高应科同志陪同下来学校检查工作，并应邀为学校题词："坚持德智体美全面发展的方针，培养'四有'专门人才。"

聂毓峰

（二十二）派出所成立

1989年10月26日

学校成立派出所，并在培训楼会议室举行成立大会。

1989年10月30日

在齐齐哈尔市的表彰大会上，魏鹏远被评为先进个人。

（二十三）燕山大学冲压件厂成立

1989 年 11 月 1 日

学校成立燕山大学冲压件厂（燕大科字〔1989〕26 号）。

1989 年 11 月 3 日

燕山大学学生积极参加引青济秦义务劳动。为解燃眉之急，解决全市人民未来的吃水问题，秦皇岛市委、市政府决定开河引水。11 月 3 日，破土动工，开始了引青济秦工程，燕山大学机械一系 120 名 88、89 级学生参加了一天的义务劳动。

燕山大学学生参加引青济秦工程

1989 年 11 月 25 日

由校刊编辑室倡议、校刊室和学生工作部联合举办的大学生文学创作班于 11 月 18 日举行了开学典礼，25 日正式授课，核心内容是马克思主义文艺观教育。

1989 年 12 月 3 日

工企 89 级 17 名学生在秦皇岛火车站进行了“学雷锋、献义务”的社会实践活动。

1989 年 12 月 12 日

学校开展党员重新登记工作，到 1990 年 3 月 10 日结束。

学校获河北省社会实践先进集体荣誉称号。

截至年底，全校有 10 个党总支、48 个党支部，党员总数 398 人，其中教职工党员 321 人。

1989 年 12 月 16 日

上午，燕山大学在培训中心会议室临时举行职工代表会，会议讨论了《家属宿舍分配条例》。

燕山大学一年一度的“华燕之声”歌手大奖赛于 1989 年 12 月 16 日举行了最后的决赛，经过激烈的角逐，20 名选手决出 10 名歌星、10 名歌手。

1989 年 12 月 19 日

河北省金属学会燕大分会成立。

1990 年学期初

学院“铁链四杆机构的空间模型与性能图谱”“单直线和双直线导路机构的综合方法及综合图谱”两项研究成果通过鉴定。

分校燕山大学施工中的电化教学馆

（二十四）燕山大学第一届教学工作会议召开

1990 年 1 月 12 日

燕山大学第一届教学工作会议召开。会上宋维公副校长作了目前形势和任务的讲话。聂绍珉副校长作了教学工作总结报告，会上教务处处长慈春令同志作了关于《教研室工作暂行条例》《实验室工作暂行条例》《燕山大学教学工作实施细则》《教师教书育人实施细则》的说明。会上还表彰了省校级优秀教学成果奖获得者，并向他们颁发了荣誉证书。

分校燕山大学第一届教学工作会议

1990 年 2 月 22 日

学校召开党政中层干部会，传达国家教委关于开学后继续做好稳定学校工作的通知，布置开学后工作。

学院召开“五讲四美为人师表”活动。根据全国教育工会要求，有些单位初步制定了公约。

1990 年 2 月 23 日

为使广大学生正确认识国际、国内形势，坚定社会主义信念和正确的政治方针，学工处举办以“只有社会主义才能救中国”为主题的学生骨干培训班。

1990 年 2 月 28 日

燕山大学团委例会决定，3 月份作为全校青年“学雷锋、树新风”活动月。

1990 年 3 月 8 日

上午，燕山大学自动化系 150 多名师生来到了亚运村，参加义务劳动。

1990 年 3 月 17 日

大学生文学创作班结业，大学生文学艺术创作者协会成立。由校刊室和学工部联合举办的大学生文学创作班结业，校刊室系统地总结了学生们的学习情况。

1990 年 3 月 20 日

学院期中教学检查结束。检查认为总体教学秩序基本稳定，也发现存在类似个别年级学生负担过重的问题，学院正着手研究解决。

1990年3月27日

在机械工业部科技规划会议上，学院6项科研成果获奖。“摆动辗压力能参数及大齿坯工艺试验”获二等奖，“1250吨锻造水压机新结构的研究”“凸轮范成加工原理”“无线传输集中目标遥控遥测遥信系统”“多向横锻工艺研究”“高炉炉身上段，煤气取样”获三等奖。

1990年5月18日

东重院务委员会成立。

秦皇岛市大中专院校首届田径运动会召开。

秦皇岛市大中专院校首届田径运动会

1990年6月9日

机电部教育司高教处沙彦世处长等一行五人于6月9—15日来校，对校领导班子进行为期一周的考核。

1990年6月18日

根据教育司考察组意见，学校召开了校务会议，对新领导班子上任两年来的工作进行了回顾，总结了两年来工作进展和存在的问题，确定了今后的工作任务。

1990年6月20日

学校召开党政中层干部会，连家创院长向中层干部传达校务委员会会议精神，对前两年工作作了基本估计，明确了今后的任务。

1990 年 7 月 4 日

分校召开校长办公会，会议审定了财务决算，会议决定集资新建职工简易平房和卷焊管厂房建设问题。

1990 年 7 月 8 日

学院举行成立 30 周年校庆活动。企业管理学术研讨会在此期间召开。机电部教育司、哈尔滨工业大学、甘肃工业大学等发来贺电。

1990 年 8 月 10 日

机电部部属院校领导干部会在分校培训中心召开，部长何光远，副部长曾培炎、陆燕荪同志出席了会议并分别就部属院校党建工作、政治思想工作及“八五”规划等问题讲话。会议历时 8 天，8 月 17 日圆满结束。

1990 年 9 月

为贯彻落实中央关于清理纠正行业不正之风的指示精神，学院成立清理领导小组，下设办公室，包括清理假文凭、乱收费等现象，分四个阶段进行。

1990 年 9 月 3 日

学校 441 名新生入学报到。其中本科生 388 名，硕士研究生 49 名，博士生 4 名，他们来自于 21 个省、市、自治区。

1990 年 9 月 10 日

为热烈庆祝教师节，燕山大学举办茶话会。

教师节座谈会

校党委召开畅谈亚运精神座谈会。燕山大学党委组织召开老教师、青年教师和部分党政干部座谈会，畅谈如何运用亚运精神搞好学校的各项工作。

学院党校成立并举行中层干部轮训班。21 名系处以上干部参加了第一期脱产轮训，王秀玲同志首先宣布了党委关于成立党校的决定，通过短短一周的集中辅导和分组讨论，对中国特色社会主义有了深刻了解，收到了良好的效果。

1990 年 9 月 17 日我校师生在秦皇岛海上运动场参加“亚运之光”火炬传递活动

1990 年 10 月 12 日

院团委在图书馆演讲厅召开了以“实践的启迪”为主题的社会实践活动总结表彰会。

1990 年 10 月 15 日

学院作为第二十六选区的人大换选工作展开。

1990 年 10 月 31 日

党委组织部举办基层支部书记研讨会。学院党委书记武占元同志作了重要讲话，讨论班组织学习了有关党建方面的文件和材料，提出了基层支部工作五项规范化管理条例。

1990 年 11 月 5 日

高级工程师闻德生与天津市高压泵阀厂合作研制的“七五”国家科技攻关项目“25YSPB 型双端面配油轴向柱塞泵”通过部级鉴定。

（二十五）报送改名为“东北重型机械学院南校”的请示

1990 年 11 月 7 日

学校以燕大校字〔1990〕88 号文件向机电部教育司报送关于东北重型机械学院秦皇岛分校改名为“东北重型机械学院南校”的请示。

1990 年 11 月

燕山大学党委恢复学生工作部，与学工处合署办公。

1990 年 11 月 16 日

学院召开党建及思想政治工作会议。到会者 200 余人，听取了院党委书记武占元同志所作的题为“贯彻中央精神，明确工作任务，为把我院党的建设和思想政治工作提高到一个新水平而努力奋斗”的重要讲话和党办主任张志平同志宣读的决定，会议在王准同志主持下召开，刘葆旗同志讲话。大会进行了分组讨论、经验介绍、论文交流等。

1990 年 12 月

冶炼实验室建设初见成效。实验室全体人员手动修复了 200kg 氧气顶吹转炉设备，自制了 1 台控制机，建立了微机和绘图机室，开设了 3 个专业实验和 3 个录像教学，使实验内容达到新水平。

1990 年 12 月 7 日

燕山大学在培训中心举行了新党员宣誓大会，13 名新党员面对鲜红的党旗举行了庄严的入党宣誓。校党委主要领导、市委有关部门领导和百余名党的积极分子参加了大会。

（二十六）首届中国语言文化留学生毕业发证仪式举行

1990 年 12 月 16 日

学校举行首届中国语言文化留学生毕业发证仪式，聂绍珉副校长主持了发证仪式。

截至年底，全校有党总支 10 个，党支部 48 个，党员总数 403 名。

1990 年 12 月 28 日

燕山大学在培训中心召开 1989—1990 学年三好学生、三好学生标兵和三好班级命名表彰大会。

关于加强党支部建设的几点做法：（1）选好支部书记，抓好支部班子建设；（2）以老带新，搞好党员自身建设；（3）密切联系群众，认真做好积极分子培养工作；（4）密切配合行政领导，发挥支部保障作用。

1991 年 1 月 11 日

学校在培训中心召开党政中层干部会，机电部教育司司长任耀先传达中共机械电子工业部党组机电党任〔1991〕001 号文件《宋维公同志任中共燕山大学委员会书记的通知》。机电人任〔1991〕006 号文件《关于聂毓峰同志退职休养的通知》。任耀先、聂毓峰、宋维公等领导同志分别在会上讲了话，会议由连家创同志主持。

1991 年 1 月 12 日

东重机械厂第一次职工、工会会员代表大会隆重召开。出席大会的领导有武占元、刘葆旗、王准、胡家乃等同志，出席代表共 41 名，大会以十三届七中全会指出的方向和任务为指针，围绕如何在继续保持稳定、治理整顿的前提下，集中力量把经济效益搞上去。双代会的召开是一次历史性会议，使全厂职工为更好地完成教学、科研等任务而奋斗。

1991 年 3 月 2 日

燕山大学在培训中心会议室举行科级（讲师）以上干部教师会议。连家创校长作工作总结并公布新学年行政工作要点；党委书记宋维公同志主持会议并公布党务工作要点；副校长聂绍珉同志宣读先进工作者和先进集体名单。

（二十七）燕山大学首届科技大会召开

1991 年 3 月 3 日

燕山大学首届科技大会在培训中心召开，全校教师、工程技术人员及各系处领导约 300 人参加了会议。

首届科技工作会议

1991 年 3 月 12 日

高教研究室两次召开教师座谈会，征求对全校开展高等教育研究计划的意见。

1991 年 3 月 24 日

检测 90 级学生学习雷锋活动让雷锋精神永远留存。班团支委和市福利院的领导进行磋商，双方决定建立长期联系，让雷锋不再三月来四月走，将雷锋的户口在检测 90 级全体学生的心中扎下根。

1991 年 3 月 25 日

党委书记宋维公同志召集党办、校办、宣传部、工会、学工处、后勤处等单位负责人会议，研究贯彻“两严”治校的实施意见。

1991 年 3 月 28 日

党委宣传部、学工处和团委共同组织召开了学雷锋活动座谈会，邀请部分教师和学生座谈学雷锋活动的经验体会。

1991 年 4 月 5 日

机电部供需见面会议于 4 月 5 日至 9 日在南京召开。我校毕业分配小组 11 人参加了这次会议。

1991 年 4 月 10 日

4 月份以来，燕山大学在全校范围内开展了春季义务植树和美化校园的活动。10 日上午，校长连家创、党委书记宋维公等领导和机关干部参加了植树活动。

1991 年 4 月 16 日

随着主裁判一声终场长笛，由体育教研室组织的历时 13 天的“燕大杯”足球赛鸣金收兵。

1991 年 4 月 19 日

校长办公会讨论决定，今年燕山大学集资建平房 50 套，以解决目前一部分教职工住房困难的问题。

1991 年 4 月 21 日

由于燕山大学校内桃园承包到期，学校经过反复讨论研究决

校内桃林

定，今年将桃园承包给各部门经营管理。

1991 年 4 月 22 日

燕山大学培训楼举办“现代设计法培训班”，这是为配合秦皇岛市“继续工程教育”而开办的第一期培训班，前来学习的是秦皇岛各单位在岗的工程技术人员。

美国托利多市代表团来校参观访问，校党政领导连家创、宋维公向代表团介绍了学校情况，并陪同参观了液压实验室机器人、材料系电镜和衍射仪实验室等。

1991 年

学院以多种形式纪念建党 70 周年。自 5 月末以来，党委宣传部组织全院党员参加“全省马克思主义基本理论，党的基本路线，党的基本知识竞赛活动”，院团委组织广大团员参加知识竞赛活动，6 月 28 日召开表彰大会，合唱比赛，庆七一座谈会，6 月 30 日举办庆祝建党 70 周年大型舞会等，采取多种形式纪念建党 70 周年。

庆祝建党 70 周年党团知识抢答赛

1991 年 5 月 24 日

第四届田径运动会圆满结束。24—27 日，燕山大学举行了第四届田径运动会。整个运动会气氛热烈、紧张，虽曾被风雨阻断，但取得了圆满的成功。

1991 年 6 月 3 日

学校决定成立成人教育处。

1991 年 6 月 7 日

燕山大学加强党的建设，努力做好思想政治工作。“燕山大学党建思想政治工作研讨会”在培训楼会议室召开，党委系统的全体干部、学工部、社科部等单位的百余名同志参加了这次会议。

1991年6月11日

上午，燕山大学和苏联列宁格勒国立技术大学在207会议室签署校际友好合作协议。苏联列宁格勒国立技术大学锻压教研室主任和燕山大学锻压研究所主任签署了合作关系协议。

1991年6月16日

外语统考传佳音，不断进取登高峰。燕山大学534名各年级本科生、专科生以及研究生分别参加了全国大学生英语、俄语四级以及英语六级考试，89级学生英语四级通过率与88级学生1990年的通过率相比较提高15.18%。

1991年6月20日

东重党校举办党总支书记学习班。这期学习班主题是：就党总支如何搞好党的建设及做好教师的思想工作问题进行理论探讨和经验交流。学习班上交流了论文，对《系党组织工作条例》进行了修改。学习班总结时武占元和王准同志就今后工作的贯彻落实作了部署。

1991年6月26日

燕山大学互促互学，提高业务水平。

我校印刷厂举办首次“技术理论和一般常识知识”竞赛。

1991年6月29日

燕山大学庆“七一”举行新党员宣誓大会。

晚上，校工会在培训楼前举办了迎“七一”“党在我心中，宣传国策”革命歌曲演唱会。

1991年7月5日

东北地区部属院校工

新党员宣誓暨命名表彰“先、优、模”大会

厂思想政治工作会议在学院召开。参加会议的单位有沈阳工学院、沈阳工业大学等，这次会议就如何做好高校工厂的思想政治工作进行了交流和讨论，修改了部属院校工厂思想政治工作条例，武占元、刘葆旗同志会见了与会代表并进行了交流。

1991 年 7 月 24 日

分校党政领导联席会议召开，会议对分校人员流动作了暂行规定，分校人事工作相对独立，本校教职工原则上不再向分校流动，由本校调入分校人员必须符合秦市进入条件。

1991 年 7 月 28 日

学院承办高水平学术会议。由多个高级学会联合举办的“结构强度与振动学术交流会”在我院召开，参加会议的学者、专家 60 余人，会上邹经湘同志作了学术报告，代表宣读论文、参观厂房等。这次会议的圆满完成扩大了学院在内地的影响，活跃了学术气氛。

1991 年 7 月

学院 1991 年毕业生分配任务圆满完成。优质人才抢手，厂家争签合同，学院毕业生分配工作顺利完成的一个重要原因是毕业生素质较高，在厂家的信誉度高，如首钢、鞍钢等大单位尤其欢迎。

（二十八）《教学研究》公开发行

1991 年 7 月

学院主办的学术性刊物《教学研究》公开发行。学院主办的学术性刊物《教学研究》经省新闻出版局批准，由内部发行改为公开发行。

燕大培训中心举行教师节座谈会

1991 年 9 月 10 日

学院举行 91 级新生开学典礼及庆祝教师节大会。91 级开学典礼在重机厂职工电影院召开，恰逢教师节，大会气氛格外热烈，大会首先由新生向教师敬献贺卡，接着表彰先进个人和教师，并颁发荣誉证书和纪念品，然后教师代表发言，最后副院长刘葆旗同志发言，会议圆满结束。

1991年9月15日

9月15日为青年学生责任与奉献行动日，院团委、学生总会响应全国学联的倡议，于当天在重机厂电影院隆重推出“爱的奉献”赈灾义演。

1991年9月26日

院团委总结表彰1991年暑期社会实践活动。在表彰大会中，多个团体组织获奖，并举行了“实践的启迪”演讲比赛，学生们生动地描绘了暑期的所见所想，体现出开展社会实践活动的深远意义。

1991年10月

学校轧钢实验室在天津召开的全国实验室工作会上被国家教委评为全国高校实验室工作先进集体。

1991年10月9日

部属院校教育行政管理研究会东北地区协作组会议在学院召开。会议由吉林工业大学校长办公室主任李方坤主持，各大学代表发言，就《行政公文处理办法》与《行政印件管理办法》两个文件作了说明并征求意见，同时对办公室工作今后发展方向进行了讨论。

1991年10月10日

全国总工会教育工会主席李星万、副主席梁廷炯到燕山大学视察并充分肯定了学校工作。

1991年10月12日

齐齐哈尔市大专院校思想政治教育学会第二届年会在学院召开。全市7所院校共有130余人参加了大会，大会宣读和交流了一些优秀论文，修改了学会章程，选举了新一届理事会，学院党委副书记王准同志当选为本届理事会理事长，年会认真总结了前期工作方向和重点，极大地鼓舞了全体会员的积极性。

1991 年 10 月 22 日

燕山大学召开研究生招生工作会议。各系及各学科主管研究生工作的负责人参会，会议由校长助理王益群同志主持并传达了国家教委有关文件精神，会议研究布置了 1992 年学校招生工作。

1991 年 10 月 25 日

由校工会组织的职工秋季排球赛圆满结束。

1991 年 10 月 26 日

由燕山大学学生工作部、团委、体育教研室和学生会举办的“金秋乐”首届体育运动会在大操场上正式开幕。

1991 年 10 月 30 日

学院第二届教职工代表大会第三次会议召开。会议由胡家乃同志主持，70 余名教职工代表参加，连家创院长作了工作报告，王准和刘葆旗同志作了重要讲话，连院长在报告中回顾和总结了过去一年本校的工作，总体不错，取得了优异的成绩，在今后工作任务中要进一步提高工作质量，抓好师资队伍建设。总体来说，就是要“肯定成绩，增强信心，承认差距，努力奋斗”。

东北重机学院第二次教职工、第三次工会会员代表大会

党委组织部举办了基层支部书记研讨班，党委书记武占元同志在研讨班上作了重要讲话，并且在会上，经过同志们的讨论，提出了基层支部工作五项规范化管理条例。

1991 年

学院郝忠孝教授于 1991 年在《计算机研究与发展》第八期发表了专辑，该专辑共收集了 11 篇论文。

（二十九）成人教育处成立

1991 年 11 月

学院成立成人教育处。由黄家金同志任处长，该处开办函授和夜大学，设有工业经济管理、工业会计、机械电气等 10 个专业。此外，自学成才考试自学班有 4 个专业。

教育学院

1991 年 11 月

学院首次招收全民合同制工人。经机械电子工业部批准，学院招收全民合同制工人 20 名，为此特成立招工领导小组，制定了实施办法。

1991 年 11 月 3 日

学院第一座设备先进的综合性现代化体育馆改建完成。这座设备先进的综合性现代体育馆，包括一个标准室内运动场、乒乓球室、健身房和体育教研室，11 月 3 日由刘葆旗副院长剪彩。

齐齐哈尔市优秀专家命名表彰大会合影

1991 年 11 月 12 日

中国共产党齐齐哈尔市委员会召开优秀专家表彰大会。

1991 年 11 月下旬

燕山大学被推选为秦皇岛市 1991 年度保密工作先进单位。

1991 年 11 月 16 日

为期两天的党的建设及思想政治会议在学院隆重召开，会上，党委对近年来在思想整治工作中做出突出成绩的同志进行了表彰奖励。

1991 年 11 月 20 日

中共机械电子工业部党组印发机电党任〔1991〕340 号文件，决定梁颖琦同志任中共燕山大学委员会副书记。

机械电子工业部任免通知机电人任〔1991〕339 号，决定王益群、郭正山同志任东北重型机械学院副院长。

（三十）首届青年教师观摩教学比赛举办

1991 年 11 月 21 日

学院举办了首届青年教师观摩教学比赛，经各系、院推荐，共有 16 名选手参加比赛。

1991 年 11 月 28 日

秦皇岛市委领导到燕山大学现场办公。市委书记丁文斌、副书记张玉书带领市委科教文卫工委、市政委、市物资局和市粮食局的负责同志到现场办公。

1991 年 11 月 29 日

教育司与经调司协调，经财政部批准，从机电部上缴国家利税中扣除 600 万元，用于还燕山大学 1984 年建校时由秦皇岛市工商银行贷款 900 万元产生的利息。

1991 年 12 月

学院印刷厂克服时间紧迫、设备不足、技术力量不足的困难，按期完成了 1991 年第四期《燕山大学学报》印刷工作。

1991 年 12 月

学校获河北省社会治安先进集体荣誉称号。

本年度学校共有党总支 12 个，党支部 46 个，党员总数 427 人，其中教职工党员 336 人。

1991 年 12 月

为贯彻学院“把德育放在首位”的指导方针，院团委学生会胜利完成了“八五三”工程，即“八杜绝，五争做，三奉献”。这一活动对形成良好的校风起到了重要作用。

1991 年 12 月

学院课题组完成了国产工业化板型仪研制及工业实验研究。学院以胡国栋为首的课题组经过 8 年的努力完成了国产工业化板型仪研制及工业实验研究，填补了国内国产板型仪工业应用的空白。

1991 年 12 月 14 日

由团委、学工处和学生会联合主办的第四届“华燕之声”卡拉 OK 大奖赛决赛于晚 7 时在 204 阶梯教室举行。

1991 年 12 月 18 日

下午，学工处在 204 阶梯教室举办了志愿军老英雄井玉琢英雄事迹报告会，150 名学生代表和部分教师参加报告会。

（三十一）大学生艺术团成立

1991 年 12 月 31 日

学院大学生艺术团正式成立。艺术团由 64 名成员组成，该团是院团委、学生总会领导下的组织学生开展文化艺术活动的学生社团组织。

1992 年

在全国首次混凝土机械、凿岩机械用户满意产品评议中，学院机械厂生产的 GT4/8 钢筋调直切断机被用户评为质量好的产品。

1992 年 1 月 15 日

学校召开校长办公会，会议讨论决定，本着提高工作效率、经济效益、管理水平的原则，同意总务处实行动力房产经费包干使用。

1992 年 2 月 29 日

机电部张德邻副部长视察燕山大学，强调学校要努力搞好科技产业。机电部副部长张德邻来我校视察工作，首先听取了校领导关于学校工作的汇报，张副部长对校办产业发展势头表示满意。张德邻同志在上午对燕山大学视察时指出高校兴办科技产业是大势所趋，是高校改革的一部分。张副部长在校党政领导陪同下参观了部分实验室和校办科技产业，还视察了家属区和学生宿舍。张副部长对学校工作给予了充分肯定，并对学校今后发展作了重要指示。

1992 年 3 月 9 日

东重党校举办为期一周的中共党史培训班，51 名院中层以上干部参加了培训，党校副校长王秀玲主持。培训班以《中国共产党的七年》为教材，带动了全院干部教师以及全体学生对中共党史的学习热潮。

1992 年 3 月 13 日

燕山大学努力抓好成人教育工作。燕山大学召开了成人教育工作座谈会，强调解放思想，急社会所急。

1992 年 4 月

学校参加秦皇岛市治理四河活动。

我校参加秦皇岛市治理四河活动

1992 年 4 月 8 日

机电部人劳司机人技〔1992〕166 号文件《关于一九九一年度部级有突出贡献专家和优秀科技青年审批工作的通知》，批准学校史锦珊、付宝连、王益群 3 名同志为 1991 年度机械电子工业部有突出贡献专家。批准韩德才、赵军、魏黎波、王洪瑞、刘宏民、高峰 6 名同志为 1991 年度机械电子工业部优秀科技青年。

1992 年 4 月 15 日

学校向秦皇岛市土地局交付了 24 万元征地手续费，秦市土地规划管理局正式下达秦土管〔1989〕105 号《关于建东北重型机械学院秦皇岛分校（燕山大学）征地的批复》。文中转达了河北省政府 1989 年 12 月 22 日文的精神，同意补办征用 297.88 亩土地，批准日期从 1989 年 12 月 22 日起。

1992 年 4 月 22 日

燕山大学外语调频电台架设完毕，于最近投入使用。该台与外语语音室、无线耳机构成外语教学主体体系。

1992 年 5 月 22 日

中国共产党东北重型机械学院第四次代表大会在图书馆演讲厅举行。

（三十二）“燕山大学机电设备成套公司”“燕山大学燕丰高技术公司”和“燕山大学科学技术协会”成立

1992 年 5 月 23 日

为充分发挥学校科技优势，加速科技成果向生产力转化，学校决定成立“燕山大学机电设备成套公司”和“燕山大学燕丰高技术公司”。

1992 年 5 月 25 日

黑龙江省教发职改工作领导小组黑教发职改字〔1992〕39 号《关于对东北重型机械学院副教授任职资格审定权问题的意见》一文中，同意授予东北重型机械学院下列学科具有副教授任职资格审定权：机械工程（冶金机械、机械学）、材料科学与工程（金属材料及热处理、金属塑性加工）、电子学与通信（信号、电路与系统）、电工（电力传动及其自动化）、计算机科学与技术（计算机应用）、力学（固体力学）。

1992 年 6 月 6 日

在 6 月 6—8 日于北京举行的全国台湾籍党员代表大会上，连家创校长当选为出席中国共产党十四次代表大会的台湾籍党员代表。

连家创在党的十四大上投票

1992 年 6 月 10 日

国家教委教人〔1992〕27 号《对机械电子部授予东北重型机械学院副教授任职资格评审权报告的批复》，同意机电部关于授予东北重型机械学院副教授任职资格评审权的意见。东北重型机械学院除数学、政治、外语、体育等基础课、公共课学科属于暂不具备申请副教授审定权的学科，其他学科均具有副教授任职资格审定权。

1992 年 6 月 16 日

在秦皇岛市 6 月 16—17 日召开的市科学技术协会第五次代表大会上，燕山大学副校长王益群教授被选为副主席。

1992 年 6 月 26 日

认真学习邓小平讲话，燕山大学科学技术协会成立。在成立大会上，选出科协委员 41 名，并选出主席、副主席和秘书长。

1992 年

燕山大学科研成绩突出。1992 年共签合同经费数额达 3450 万元，实到款数为 1892 万元，加北校款项，超过 2000 万元，提前三年超两倍完成机械部“八五”规定重点高校科研人员人均科研经费额。

燕山大学学生赴多地参加社会实践。

学生参加社会实践

1992 年 7 月

全国旋压学会第六次全体会议在学院召开。出席本次委员会会议的委员共 28 人，旋压学术委员会副主席在开幕式上致辞，学院刘葆旗同志发表讲话。代表们就旋压变形理论研究、旋压加工工艺的新成果进行了热烈讨论。

1992 年 7 月 9 日

学校召开党政中层干部会，机电部东联审计事务所一行 10 人在会上布置连家创院长任期经济责任审计工作，连家创院长在会上作述职报告。

（三十三）东北重型机械学院秦皇岛分校更名为东北重型机械学院南校

1992 年 7 月 18 日

机电部教育司下发机教〔1992〕105 号文件《关于东北重型机械学院秦皇岛分校更名为东北重型机械学院南校的通知》，学校名正式改为东北重型机械学院南校。

1992 年 8 月 26 日

因海港区信访办及白塔岭乡、前道西村、山东堡村委员会到中共中央办公厅和国务院办公厅上访，国务院办公厅将上访接待报告转机电部，部教育司通知学校做好农民工作，学校与山东堡、前道西村农民就二期征地问题召开座谈会。

1992 年 8 月 27 日

机电部机电教〔1992〕1408 号文件《关于公布机械电子工业部第二届青年教师教书育人奖获奖名单的通知》，我校朱清香、刘德有两名同志获机电部第二届青年教师教书育人奖。

1992 年 8 月 31 日

机电部部长何光远来校视察卷焊管厂。

何光远视察燕山大学卷焊管厂

1992 年 9 月初

燕山大学学期初派出的社教工作队，在队长任兰群的带领下，积极宣传党的基本路线，主动帮助当地群众解决困难，扶助他们走致富之路，受到了当地政府和群众的好评。

1992 年 9 月 2 日

上午，燕山大学召开 92 级新生入学教育动员会，副校长聂绍珉、郭振山，校党委副书记梁颖琦以及校内各系、各党政机关的领导同志出席了会议。

1992 年 9 月 7 日

学院庆祝教师节，军训动员暨 92 级新生开学典礼举行，大会由副院长王永昌同志主持，典礼内容包括表彰先进个人、教师代表发言、武占元同志发表讲话等内容。

东北重型机械学院 92 级大学生军训汇报表演

苏联远东高等海运工程学院代表一行 3 人来学院进行了友好参观访问。学院对来宾进行了热烈欢迎。

1992 年 9 月 10 日

俄罗斯新西伯利亚铁道学院副院长等一行人对学院进行为期 4 天的参观，两院举行建立国际友好关系的签字仪式，在学术研究等方面进行积极合作，以促进两院教学质量的提高。

1992 年 9 月 27 日

第五届中日计算机应用国际学术会议在燕山大学召开。由沈阳工大、燕山大学和日本北海道大学联合主办的“第五届中日计算机应用国际学术会议”于 9 月 27 日在学校培训中心召开，会期为 3 天。

1992 年 9 月 28 日

学院在黑河市开办的东黑高新技术发展公司、东黑保健饮料厂经过两个多月的紧张筹备，于 28 日举行开业典礼，黑河市副市长、黑河地区领导发来贺电，王永昌副院长主持典礼。

1992 年 10 月 5 日

学校召开校长办公会，会议决定职工自愿集资，学校按房改政策给予 20% 优惠，集资兴建两栋住宅楼。

1992 年 10 月 6 日

机电部教育司与人劳司沙彦世副司长一行 6 人及河北省委、秦皇岛市委组织部、省市科技文卫工委王富春等 4 人来学校考核校级领导班子。

1992 年 10 月 16 日

市委宣传部的两位同志来学院和部分大学生座谈了对党的十四大思想的理解。

1992 年 10 月 21 日

下午，学院召开了全院教师及副科级以上干部大会，武占元书记作了重要讲话，并提出了学院进行综合改革的思路。

1992 年 10 月 25 日

以王永昌副校长为首的考察团圆满结束访问，在考察中取得了丰硕的成果，学院将于明年派遣 60 名留学生到新西伯利亚铁道学院学习。

学院召开计划生育会议，总结工作，布置任务，指出学院今后要注意加强计划生育宣传工作。

1992 年 11 月

党的十四大召开期间，学院积极组织全体人员认真学习，学院党委下发《关于认真学习党的十四大精神的安排意见》，对学习做了具体要求。

本学期初，学院开展了“多读书，读好书，树立人生的目标”读书月活动。此次读书活动形式多样，参加人数多，提高了广大学生的学习热情。

1992年11月4日

燕山大学公布了《燕山大学校内人事、分配制度初步改革方案》。该方案把奖金发放和工作成绩结合起来，提出了较为具体的教职工工作成绩考核方法和奖金发放方法。

1992年11月6日

学校召开校长办公会，会议决定职工自愿集资，学校按房改政策给予20%优惠，集资兴建第三栋住宅楼。

1992年11月7日

燕山大学召开团学双代会，认真贯彻十四大精神，充分发挥青年突击手作用。

团学双代会

1992年11月15日

管理系自行车修理部再次利用休息时间到家属区为教职工热忱服务。

1992年12月4日

“东重共青团”书亭正式成立，齐市、富区新华书店经理及学院领导参加了开业典礼。

（三十四）学校闭路电视首次开播

1992 年 12 月 7 日

学校闭路电视首次开播。

1992 年 12 月 23 日

学校同海港五建签订三栋集资住宅楼施工合同。

1992 年 12 月

本年度有党总支 12 个，党支部 46 个，党员总数 449 人。

1992 年 12 月

省高校工委检查学院“两课”工作。这次检查的主要内容有两课课程建设情况、队伍建设情况、领导体制情况、经费投入情况及存在的问题，经检查，检查组对学院给予了较高的评价。

1992 年 12 月 6 日

为纪念“一二·九”运动，院团委举办精彩演出。这场以“牢记历史，振兴中华”为题的文艺演出主要以大学生艺术团 92 级新生为主，使广大学子受到了美的熏陶，反映出当代大学生良好的精神风貌。

1993 年

1981 年吴浩泉教授在美国华盛顿大学进修

经燕山大学吴浩泉教授等研究，新型补焊焊条问世。燕山大学材料系吴浩泉教授及有关专家研制出 XM1-6 型免预热免热处理补焊焊条，该焊条经首钢、北京内燃机总厂、辽宁 518 总厂验证，性能优良，使用方便，可使原部件寿命增长一倍。

1993 年 3 月

以学院副院长刘葆旗为团长的代表团赴俄罗斯对多所大学进行访问，

并与 3 所院校签订了合作协议。

1993 年 3 月 2 日

学校召开校长办公会，研究学校在河北省申报“211 工程”问题。

1993 年 3 月 3 日

学院“一九九二年三育人先进个人、先进集体及优质服务窗口竞赛先进单位表彰会”于 3 月 3 日召开，胡家乃同志主持会议并汇报情况，武占元、王准同志发表讲话，提出“三年来，三育人工作还处于起步阶段，各方面还存在差距，需要共同努力”。

“三育人”先进集体先进个人表彰会

1993 年 3 月 4 日

燕山大学管理系举办研讨会，学生党支部组织学习新党章座谈会。

为纪念毛泽东等老一辈无产阶级革命家为伟大的共产主义战士雷锋同志题词 30 周年，管理系团总支组织系学生党员、团总支委员、学生会宣传部、非党积极分子，举行了“雷锋精神研讨会”。

1993 年 3 月 9 日

燕山大学（南校、北校）举办的 1993 年毕业生分配供需见面会于 3 月 11 日圆满结束。

1993年3月11日

上午，学校召开紧急会议，对全校各单位以及学生宿舍进行统一的用电安全检查动员。

1993年3月17日

学校向部教育司呈报燕山大学关于出售旧公房的请示，部教育司于3月19日函复，同意学校根据地方房改政策，向学校教职工出售公有旧住房的部分使用权。根据河北省和秦皇岛市房改政策及部批复精神，学校向职工出售68套旧公房。

1993年3月31日

全国锻压学会旋压学术委员会第六次全体会议在学院召开。

1993年4月

外语教研室制定的改革实施办法总原则是任课教师在按学院规定的计划学时授课期间，实施讲课费制度，还强调要严肃考勤。

1993年4月12日

学校有4项优秀教学成果荣获1993年河北省普通高等学校优秀教学成果奖，其中一等奖1项、二等奖3项。

1993年4月14日

下午，郭建煜同志向全院干部、教师作了一场生动的报告。他首先介绍了全国人大八届一次会议的大会盛况，接着传达了会议的基本精神，最后武占元同志向郭建煜表示感谢。

学院在主楼258大教室召开了全院教学工作会议。

1993年4月20日

学校燕大校字〔1993〕31号文件向机械部教育司呈报燕山大学关于列入“211工程”计划的请示，请示中提出学校争取在河北省列入“211工程”计划，并提出关于学校管理体制、债务、招生分配、东重主力的转移、改校名5条意见。机械部部长办公会原则上同意了这5条意见。

1993年4月23日

中共机械工业部印发机械党任〔1993〕003号文件，决定裴广发同志任中共燕山大学委员会书记。

机械工业部机械人〔1993〕006号文件，决定刘才同志为东北重型机械学院副院长。

1993年5月21日

燕山大学隆重举行第六届田径运动会。学校第六届田径运动会在校田径场举行。校长连家创、校党委书记裴广发和其他党政领导出席了开幕式。裴广发同志致开幕词，校团委书记李强同志主持了开幕式。

裴广发

1993年5月22日

学院第二十三届田径运动会胜利闭幕。5月21日，举行开幕式，党委、行政机关、总务处都参加了开幕式，开幕式上各代表表演了精彩节目。比赛期间，各代表激烈角逐取得了喜人成绩。5月22日宣布闭会。

1993年6月

《广东科技报》按照国际标准对我国一千多所高校的科研实力进行综合评估，燕山大学排名第三十一位，在机电部部属院校中排名第一，这在国内引起很大的震动。

1993年6月1日

学院《公费医疗管理实施细则》出台。这一公费医疗改革措施，是根据学院实际情况而制定的，目的是加强公费医疗管理，希望能得到广大教职工支持，认真实行，今后将不断总结经验，进一步充实完善。

1993年6月10日

93届毕业分配工作基本结束。截至6月10日，学院应届本科、专科毕业生全部落实了分配去向。

1993年

东重召开纪念中国共产党成立72周年大会。

纪念中国共产党成立 72 周年大会

（三十五）东北重型机械学院成人教育学校成立

1993 年 7 月 19 日

机电部下达批复，同意成立东北重型机械学院成人教育学校（机教〔1993〕076 号）。

1993 年 8 月 16 日

机械部包叙定副部长视察燕山大学材料系电镜实验室。

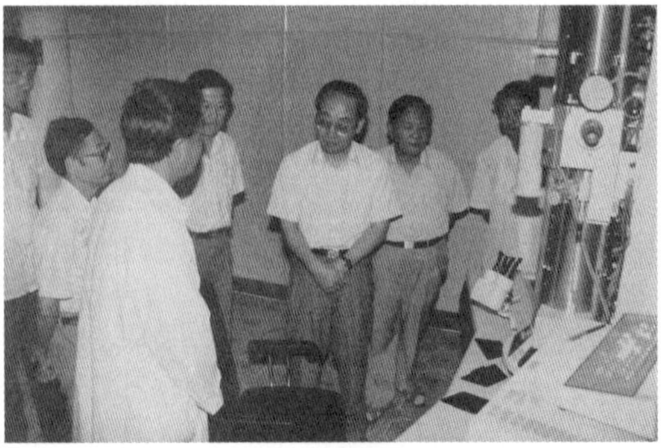

包叙定（右三）视察燕大实验室

1993 年 9 月

全国高等学校编译课程研讨会于本学期初在学校召开。计算机系胡笔蕊教授主持开幕式，上海交大计算机系副主任侯文永教授致开幕词。

1993 年 9 月 3 日

第三学生宿舍南侧 3000 平方米竣工验收，并交付使用，共 90 个房间，可容纳 554 名学生。

1993 年 9 月 8 日

学校向河北省教委呈报《关于东北重型机械学院正式改名为燕山大学的请示》（燕大校字〔1993〕71 号），河北省教委主任周治华在该请示上签署同意改名的意见。

1993年9月10日

教师节期间，机械工业部部长何光远在部办公厅主任贾成炳和教育司司长涂仲华陪同下到校慰问看望教师，祝贺教师节，何光远部长还视察了学校校办企业汽车附件厂和卷焊管厂。

（三十六）金属压力加工和机械学获博士授予权

1993年9月16日

金属压力加工和机械学两个专业近期获博士授予权。机械二系师生召开庆祝大会。

1993年9月17日

93级开学典礼及表彰优先大会隆重举行。院党政领导武占元、王准等同志参加了会议，王准同志首先发表了讲话并表彰了先进个人和先进集体，武书记对新生表示热烈欢迎。

1993年9月22日

学校召开大会，传达了部纪检监察工作会议精神。会上，武占元同志发表重要讲话，号召全院师生积极投身到反腐廉政建设中去。

1993年10月5日

加强党风廉政建设，燕山大学党委部署反腐倡廉工作。党委书记裴广发同志主持了校党政班子反腐倡廉自检自查生活会，与会同志对照中纪委“10条”规定和机械部党组“10条”规定，进行了认真的自查自检，并将检查结果向上级主管部门进行了汇报。

（三十七）增设腐蚀与防护、工业外贸、建筑工程、会计学、旅游管理5个本科新专业

1993年10月12日

转变领导作风，加强系（部）建设，燕山大学党政主要领导到基层调查研究。根据党委制定的领导班子成员定期深入基层调查研究的有关规定，党委书记裴广发和校长连家创带领党政领导班子成员和两办主任到各系（部）和教研室进行调查研究。

机械部教育司机教〔1993〕133 号文件批复同意增设腐蚀与防护、工业外贸、建筑工程、会计学、旅游管理 5 个本科新专业。

1993 年 10 月 14 日

经过 10 天的紧张训练，燕大新生军训工作已圆满结束，并于当天下午在校篮球场举行了庄严的阅兵式。

学校召开校长办公会，决定引进秦皇岛市万兆房地产公司资金，建筑第三栋学生宿舍和食堂。

1993 年 10 月 21 日

学院校产工作会议召开，副高职称以上的教师和副处以上的干部参加了会议。

东北重机学院校产工作会议

1993 年 10 月 22 日

产学结合，促进科研为经济建设服务。燕大人均科研成果转化经费居高校榜首。

1993 年 10 月 23 日

下午 4 时，燕山大学第四期业余团校开学典礼在 231 教室举行，校党委副书记梁颖琦、学工处副处长杨绍维出席了开学典礼。

1993 年 11 月

在郝忠孝副院长的领导下，由教务处牵头，就学院的学习条件、设备、生活服务设施进行了检查。结果表明，教学条件有所改善，但还存在很多问题。学院任课教师基本情况是好的。

1993 年 11 月

由赵玉鹏教授提出“一类多目标排序服务体系及其算法与软件研究的问题”的课程申请，获得了国家自然科学基金资助，它将对学院基础学科的科学研究起到促进作用。

1993 年 11 月

由学院王春福教授主持，学院和齐齐哈尔农牧机械厂共同承担的重点科技项目经过 4 年研究，一次性取得成功。

1993 年 11 月 1 日

学院院级领导班子对自身问题进行了认真严格的自查自纠，由武占元、王准等同志领头，认真学习党中央讲话。为不断加强思想作风建设，院党委建立了党风廉政建设领导小组。

1993 年 11 月 9 日

院团委“立足富区三乡实施希望工程”活动开展一周年，双向受益，成效突出，受到了社会各界的关注，活动开展以来，大、小学生都获得了很大的益处。

1993 年 11 月 13 日

学校与秦皇岛万兆房地产开发有限公司签订联合建三宿舍和二食堂协议书，本着互利互惠的原则，引进校外资金 735 万元，学校提供建设用地，总建筑面积 1156 平方米，为实现后勤社会化开辟了新的途径。

（三十八）增设英语本科专业

1993 年 11 月 30 日

机械部教育司批复，同意学校增设英语本科专业（机教〔1993〕133 号）。

1993 年 12 月 5 日

秦皇岛市首届英语演讲比赛 12 月 5 日在燕山大学培训中心落下帷幕。来自燕山大学、北京外国语学院和东北大学秦皇岛分校的 20 名选手参加了比赛。

1993 年 12 月 10 日

燕山大学党委举办的学习《邓小平文选》第三卷第一期干部读书班于 10 日正式结业，为期 10 天。

1993 年 12 月 17 日

国务院学位委员会批准我校机械学和金属塑性加工 2 个学科获得博士学位授予权。黄真教授、王益群教授、刘才教授被批准为博士生指导教师，李硕本教授正式被批准调整为东北重型机械学院博士生导师。

1993 年 12 月

本年度学校共有党总支 12 个，直属党支部 3 个，党支部 46 个，党员总数 499 人。

1994 年 1 月 13 日

河北省教委向国家教委呈报《关于同意东北重型机械学院更名为燕山大学的函》（冀教计〔1994〕93 号）。

1994 年 3 月 7 日

燕山大学党委扩大会提出：燕山大学在从今年起的 3 年时间内，增加博士后流动站 2 个、博士点 3 个、硕士点 5 个、本专科专业数约 10 个。这些目标需要有高水平的组织能力，需要辩证思维，需要日程表。

1994 年 4 月 10 日

管理系竞选产生学生会。晚上，管理系在 103 教室举行系学生会竞选大会。竞选学生精彩的施政演说，不时被全场热烈的掌声所打断；系领导和校学工处老师对竞选学生的出色表现频频点头，表示赞赏。

1994 年 5 月 18 日

党委作出决定，号召全校师生向黄真教授学习。下午，校党委召开全体党员大会，宣布《开展向黄真同志学习的决定》。

1994年5月20日

燕山大学第七届田径运动会于5月20—21日在校田径场举行，历时两天。

1994年5月20日

教学楼接建第三层正式开工。

教学楼由二层接三层正式开始施工

1994年5月25日

机械部教育司批复，同意学校按照与美国速宝公司关于联合办学的有关协议开展境外学生的预科培训，学习期限为一年。

1994年5月28日

张德邻副部长到燕山大学作报告时强调，学校要为机械工业振兴培养跨世纪人才。上午，机械部张德邻副部长到燕山大学作报告时指出：机械工业振兴迫切需要人才，高等工科院校应该注意培养跨世纪的拔尖人才。

1994年6月1日

机械部教育司决定将原“机械电子工业部教育干部培训中心”更名为“机械工业部秦皇岛培训中心”，培训中心的领导管理体制由原教育司与东北重机学院共同领导、学院管理为主，改为由部教育司领导，并委托机械工业部教育发展中心直接管理、学院协助管理。

1994年

中国科学院院士、中国科学院系统科学研究所研究员、中国自动化学会理事长陈翰馥先生应邀到自动化系讲学，作了题为“系统辨识及自适应控制”的学术报告。

1994 年 5 月下旬

原校长林秀安教授将自己私人藏书 339 册无偿捐献给燕山大学图书馆。

1994 年 7 月 19 日

机械工业部副部长邵奇惠来校视察，听取了校领导关于学校工作的汇报，视察了实验室和校办企业。

邵奇惠视察燕山大学

1994 年 8 月 5 日

中科院副院长、院士、浙江大学校长路甬祥视察学校。

1994 年 8 月 6 日

河北省副省长刘作田视察学校，视察了实验室和校办企业。

刘作田（左一）视察我校

路甬祥（右二）视察我校

1994 年 9 月

燕山大学党委书记裴广发、副校长聂绍珉向 6 位中国科学院院士颁发了兼职教授聘书。

1994 年 9 月 3 日

黄真教授研制的 863 项目“机器人误差补偿器”通过验收，成果属国内首创，达到国际先进水平。

黄真教授

1994 年 9 月 17 日

由闻德生教授研制的“双极串联轴向柱塞泵”在中国第八届发明展览会上获金奖。机械专家、中国科学院院士雷天觉先生在鉴定会上说：“该项目属国内外首创，现有技术无可比性。”

1994 年 9 月 24 日

参加第十二届国际锻冶师会议的燕山大学刘助柏教授从芝加哥载誉归来。他宣读的论文《平钻拔长矩形截面毛坯理论》博得 15 个国家的 200 多位专家的掌声。

1994 年 10 月

河北省高校数学竞赛传佳音，燕山大学 4 名选手榜上提名。河北省教委和河北省数学学会联合举办的省高校数学竞赛中，燕山大学派出的 8 名选手有 4 位获奖（两名二等奖，两名三等奖），其中袁虎同学以总分 148 分的好成绩夺得全省第二名。

1994 年 10 月 10 日

燕山大学首届工业造型美术作品展开幕。为配合新生教育，展现工业设计的内涵与魅力，机一系工业设计专业结合一年来的教学实践，隆重推出首届专业性画展——燕大成教工业造型函授及东重工业设计 93 级学生作品联合展。

（三十九）关于东北重型机械学院本校和南校逐步合并的请示

1994 年 10 月 14 日

学校向机械部教育司呈报《关于东北重型机械学院本校和南校逐步合并的请示》。

1994 年 10 月 25 日

集资兴建的 4 栋教职工住宅楼破土动工。

1994 年 10 月 27 日

燕山大学举行 1993 年度政府特殊津贴专家证书颁发仪式，为 26 位在各个领域中有突出贡献的专家学者颁发了特贴证书。

燕山大学 1993 年度政府特贴专家证书颁发仪式

1994 年 11 月

“压缩机活塞生产线”进展迅速。由机制专业王光斗教授承接的某厂压缩机生产线，在课题组全体同志的共同努力下，设计工作基本完成，现已进入加工制造阶段，进展迅速。这是燕山大学近年来承接的大型科研项目之一。

1994 年 11 月

燕山大学科研又获新进展。今年燕山大学科研形势良好，横向科研经费到款 800 万，预计年底突破 1000 万；纵向科研经费再上新台阶，合同额达到 73.8 万元。

1994 年 11 月 22 日

由英语俱乐部主办的燕山大学第六届演讲比赛在阶梯教室 103 举行，并获得了校团委、外语系、公共外语教研室的大力支持。

1994 年 11 月 24 日

燕山大学与韩国庆星大学建立校际友好合作关系。庆星大学将于年末派遣第一批留学生到我校学习汉语。

1994 年 11 月 25 日

在加强和改进党的基层组织工作经验交流会上，党委书记裴广发对党建工作提出具体要求。在组织部召开的“加强和改进党的基层组织工作经验交流会”上，党委书记裴广发同志对达标支部的工作经验给予了充分肯定，并对学校党建工作提出了具体要求。

1994 年 12 月 9 日

机械二系学生会组织的演讲、歌唱、竞答活动有声有色，爱国主义思想深入人心。晚 7 时，机械工程二系学生会组织了一场“演讲、歌唱、竞答”晚会，晚会融趣味性、知识性及爱我中华的主题于一体，学生们受益颇丰，在校园晚会很有影响。

1994 年 12 月 13 日

机械部教育司下达学校 1995 年招生总数为 840 人，其中国家任务 510 人（机教〔1994〕111 号）。

1994 年 12 月 19 日

汽车附件厂研制的 213 轿车前后门通风窗及滑道梁总成和 212 吉普车蓄电池支架总成通过了省级产品技术鉴定。

1994 年 12 月

党委作出《关于加强校级领导班子自身建设提高校级干部领导水平的意见》《关于建立中层党政领导班子和领导干部目标责任制、实行严格考核的试行意见》和《关于后备干部管理暂行办法》等多项决定，使学校班子建设和干部管理走向制度化和规范化。

（四十）建立博士后流动站

1995 年

付宝连教授用国际领先的新理论和新算法参加三峡坝体测算，并向三峡指挥部请缨。付宝连教授近日给三峡工程总指挥部写信，要求用他刚刚完成的光测弹性力学新理论和新算法参加三峡坝体测算，这一新理论和新算法已由三峡方面交送有关专家论证。

1995 年年初

燕山大学申光宪教授和唐山钢铁股份有限公司合作，研制出的新型轧机为唐钢年增经济效益 548 万元。在科技成果鉴定会上，权威专家认定：申光宪等建立的系统性“自位分析理论”属世界领先水平；运用该理论发明的新型轧机为国内外首创，已获国家发明专利。

申光宪教授

1995 年 1 月 24 日

青年博士李云江攻下世界难题，三层卷焊钢管研制成功。国际管材界多年渴望的一种三层卷焊钢管，被我国自己培养的青年博士李云江等首先研制成功，并投入小批量生产。

1995 年 2 月

燕山大学印刷厂在今年 2 月秦皇岛市新闻出版工作评比中，被评为秦皇岛市新闻出版工作先进单位。

1995 年 2 月 16 日

机械工业部张德邻副部长在教育司司长涂仲华、副司长沙彦世陪同下视察燕山大学新建学生宿舍、食堂和接层后的教学楼及校办企业。听取了连家创校长等校领导关于南北合并、联合开发房地产的汇报，并作了重要指示。

1995 年 3 月中下旬

在北京展览馆举行的“中国专利十年成就展”中，燕山大学的三层卷焊钢管、双端面配油轴向柱塞泵、三绞拉杆方柱型高刚度轧机 3 项专利获金牌奖。

1995 年 4 月

燕山大学专家闻德生获“突出专家”称号。燕山大学青年泵专家闻德生最近被批准为 1994 年度国家有突出贡献的中青年科学技术管理专家。

1995 年 4 月

在河北省教委和省教育新闻工作者协会联合举办的第五届河北省教育好新闻评选活动中，学校 3 篇新闻报道获奖。

1995 年 4 月

国家人事部全国博士后管委会最近下达文件，批准燕山大学机械工程学科建立博士后流动站，燕山大学学科建设和办学层次跃上了新台阶，也填补了河北省高校没有博士后流动站的空白。

（四十一）机械部决定王益群同志任东北重型机械学院院长

1995 年 4 月 11 日

沙彦世副司长代表机械部党组宣布，王益群同志任东北重型机械学院院长。在中层干部、教授会上，机械部沙彦世副司长代表部党组宣读任免通知，任命王益群同志为东北重型机械学院院长。

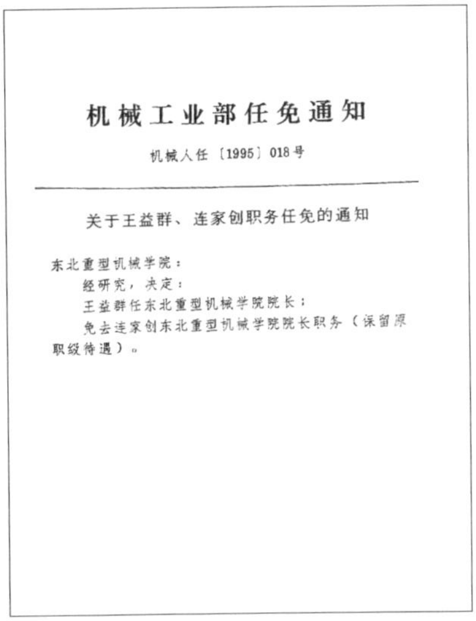
机械工业部任免通知

机械人任〔1995〕018号

关于王益群、连家创职务任免的通知

东北重型机械学院：

经研究，决定：

王益群任东北重型机械学院院长；

免去连家创东北重型机械学院院长职务（保留原职级待遇）。

王益群、连家创任免通知

王益群

1995 年 4 月 14 日

燕山大学召开中层干部会。由王益群校长主持的全校党政中层干部会于 4 月 14 日召开。

1995 年 5 月 19 日

河北省第九届技术交易会暨河北省第六届发明展览会于今年 5 月 19—22 日在石家庄科技大厦召开。燕山大学申报了开放式热网微机遥测网络系统、三层卷焊钢管及其生产线、北戴河水厂计算机遥测与监控系统、吐丝机关键技术的研究，全部获金奖。

1995 年 6 月 19 日

机械学、冶金机械、金属材料及热处理、金属压力加工、测试计量技术及仪器 5 个学科被确定为部级重点学科（部教育司机教〔1995〕43 号）。

1995 年 6 月 26 日

河北省高校工会工作研讨会暨河北省高校工会联谊会 1995 年年会在燕山大学召开，来自全省 37 所大专院校的 48 名工会领导参加会议。

中共燕山大学委员会授予崔海东同学“舍己救人的优秀大学生”称号，并被追认为烈士。燕山大学自动化系工业电气自动化 94 专科的崔海东同学为抢救溺水学生而英勇献身，展示了当代大学生崇高的精神风貌和优秀的道德品质，学校特此下达文件进行表彰。省民政厅追认其为革命烈士。

1995 年 6 月 27 日

高峰、刘宏民、闻德生、廖波、孙惠学、王玉田、王洪瑞 7 名同志被列入首批部属院校跨世纪学科带头人和学术骨干培养计划。

1995 年 8 月 4 日

河北省省长叶连松在中共河北省委副秘书长郭正山、秦皇岛市副市长高兰栓等陪同下，视察燕山大学学生宿舍、校办企业和研究所、实验室，观看了学校规划沙盘，听取了相关校领导关于学校工作的汇报，叶省长还对学校工作作了重要指示。

叶连松（左三）视察我校

1995 年 9 月

在迁校建设 10 周年来临之际，燕山大学学科建设也传来佳音，有 5 个学科被定为机械部重点学科，它们是：冶金机械、机械学、金属塑性加工、金属材料及热处理、测试计量技术及仪器。

燕山大学进行教改新举措，推行学年学分制。为适应现代教育制度、调动学生学习积极性，燕山大学于本学期对 95 级学生实行“学年学分制”。

中科院物理所研究员李国栋于校庆 75 周年之际向我校图书馆捐书。

李国栋（前中）向图书馆捐书合影

1995 年 9 月 10 日

东北重型机械学院南校举行建校 75 周年暨南迁 10 周年校庆。

东北重型机械学院（燕山大学）建校 75 周年暨迁校 10 周年庆祝大会

（四十二）机械工业部同意东北重型机械学院本校与南校合并

1995 年 9 月 27 日

机械工业部批复，同意东北重型机械学院本校与南校合并（机械教〔1995〕775号）。

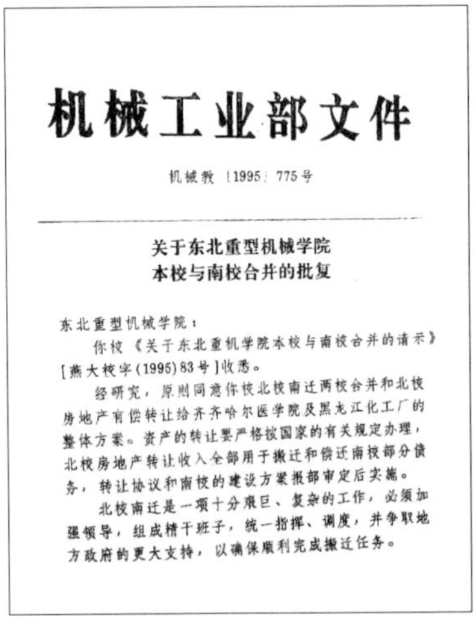

机械工业部文件

机械教〔1995〕775号

关于东北重型机械学院
本校与南校合并的批复

东北重型机械学院：

你校《关于东北重机学院本校与南校合并的请示》[燕大校字(1995)83号]收悉。

经研究，原则同意你校北校南迁两校合并和北校房地产有偿转让给齐齐哈尔医学院及黑龙江化工厂的整体方案。资产的转让要严格按国家的有关规定办理，北校房地产转让收入全部用于搬迁和偿还南校部分债务，转让协议和南校的建设方案报部审定后实施。

北校南迁是一项十分艰巨、复杂的工作，必须加强领导，组成精干班子，统一指挥、调度，并争取地方政府的更大支持，以确保顺利完成搬迁任务。

（此页无正文）

中华人民共和国机械工业部

一九九五年九月二十七日

主题词：教育　院校　体制　批复

抄送：河北、黑龙江省政府，齐齐哈尔、秦皇岛市政府。

机械部办公厅　　1995年9月27日印发

北校南迁、两校合并的批复

1995 年 10 月

燕山大学书记、校长出访归来。为提高办学水平，燕山大学党政领导最近分别访问了英国和韩国等名牌大学，现已归校。

1995 年 10 月末

王益群校长表示，南北校合并正在运筹之中。王益群校长在最近的两次中层干部会上宣布，东北重机学院北校和南校（燕山大学）合校问题，从 9 月末获得国家批准后，开始转入了合校的具体工作。目前，北校已转入了部分户口，南迁和集资建房在运筹之中。

1995 年 11 月 7 日

部教育司批复同意组成合校领导小组及其人选。组长：王益群，副组长：裴广发、武占元，成员：聂绍珉、王准、王永昌、杨育林（机教〔1995〕86 号）。

（四十三）校医院成立

1995 年 12 月 1 日

秦皇岛市卫生局批复，同意燕山大学成立校医院（秦卫医〔1995〕57 号）。

1995 年 12 月 11 日

秦皇岛市副市长高兰栓、徐淳在燕山大学召开市长办公会，就东北重型机械学院北校南迁并入燕大有关问题进行了专题研究。会议决定关于 1996 年迁入户口收取的人口增容费及水增容费、人防费、教育基金、城市配套费等作为市政府的投入全部返给燕山大学，关于电增容费建议请示华北电管局缓交一部分，还帮助解决了合校建设急需解决的有关问题。

高兰栓、徐淳等人来燕大开市长现场办公会

1995 年 12 月 23 日

金属材料及热处理和测试计量技术及仪器专业通过国务院学科评议组博士点评审。无机非金属材料专业通过硕士点评审。

1995 年 12 月 25 日

中共燕山大学党委书记裴广发教授赴英国赫尔大学访问，并与该校签订了《校际合作协议书》。

1995 年 12 月 27 日

中共燕山大学党员代表大会召开，党委书记裴广发发表了《学习张家港精神，负重奋进，为开创燕大腾飞的新局面而奋斗》的讲话。大会增补王益群、李尊实为校党委委员。

1996 年 1 月 3 日

学校电路与系统、计算机应用两个学科被机械部确定为部级重点学科。

1996 年 2 月 24 日

学校已完成机构调整工作，一批新任命的中层干部已经上岗工作。调整后的党政职能机构设 17 个部门、教学实体 11 个。

1996 年 3 月 7 日

燕大二期基本建设总体设计方案评审会。

燕山大学二期基本建设总体设计方案评审会

1996 年 3 月 15 日

经国家科委批准，《东北重型机械学院学报》由黑龙江省迁往河北省。其主管单位由黑龙江省教委改为机械工业部。

1996 年 3 月 28 日

为认真贯彻部党组纪检监察会议精神，燕山大学党委召开全校党员大会。燕山大学党委在讲演厅召开党员大会，认真传达贯彻机械部党组纪检监察工作会议精神，党委副书记梁颖琦传达了党委议事决策十项内容。

1996年4月9日

“863”计划10周年成果汇报展览会上，燕山大学黄真教授及其课题组完成的“空间多自由度并联机器人机构学理论”成果，作为这次展览中“高技术新概念新构思探索项目”专题中14个较优秀的项目之一参加了展示汇报，取得良好反响。

1996年4月12日

王益群校长、助理杨育林、校办主任孔祥东到在建的二食堂视察。

王益群校长等视察二食堂

1996年4月29日

经国务院学位委员会第14次会议批准，学校“测试计量技术及仪器”和“金属材料及热处理”学科为博士学位授权学科；“无机非金属材料”为硕士学位授权学科。到目前为止，学校共有博士点5个，博士后流动站1个，硕士点12个。

1996 年 5 月

燕山大学开展全校性整顿校风校纪活动。最近，校长王益群同志审阅了学生工作处在全校整顿校风校纪报告后，明确批示“照此办理”。

1996 年 5 月 7 日

燕山大学参加省大学生运动会成绩斐然。燕山大学参加省大学生运动会的代表团载誉归来，燕山大学男女队员均获团体第四名，取得有史以来最好成绩，并在女子 100 米、200 米、400 米、4×100 米和男子撑竿跳高以及十项全能共 6 个单项上夺取桂冠，打破 8 项校运会记录。

1996 年 5 月 13 日

为加强党性锻炼，努力提高领导干部素质，由党委举办的第一期中层干部读书班结业。由党委举办的第一期中层干部读书班已正式结业。该班 5 月 6 日开班，共历时一周。党委书记和校长希望全校各级干部牢记全心全意为人民服务的宗旨，努力塑造跨世纪领导干部形象。党委副书记梁颖琦在总结中说，这期读书班完成了学习内容，达到了预期目的。

1996 年 5 月 21 日

机械部在燕山大学召开科技成果鉴定会，林树忠、杨育林等研制的“碱锰电池自动涂封口胶机”“碱锰电池自动喷导电膜机”和“碱锰电池正极锰环自动装配机”3 项科技成果通过了技术鉴定。

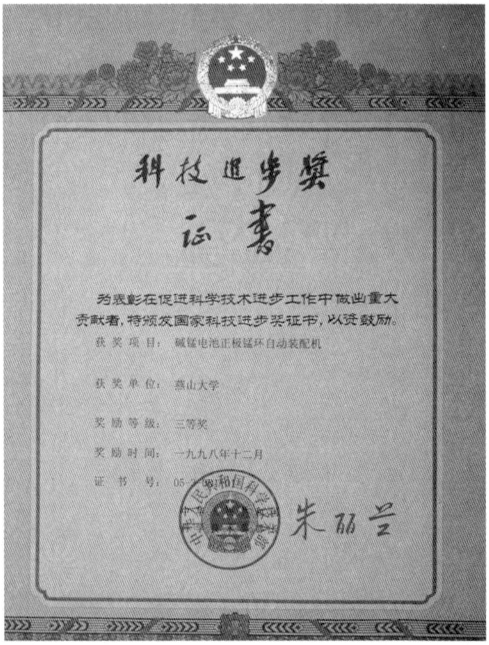

林树忠教授的“碱锰电池正极锰环自动装配机”获 1998 年国家科技进步三等奖

1996 年

由中国重机总公司、攀钢、西重所等 9 家单位和燕山大学联合研制的“攀钢 1350 毫米板坯连铸机成套设备”继获机械工业部科技进步特等奖之后，近日又荣获 1996 年国家级科技进步一等奖。

1996 年 6 月

在燕山大学召开的教师大会上，教务处长白象忠同志说，教务处向其他院校教学管理借鉴经验，拟在下学期成立教学督导团。

在河北省第十届技术交易会暨第七届发明展览会上，燕山大学“650HCW 精密冷带轧机组”“液压注锌膏机”和省专利局特邀项目“并联式机器人”获金奖，“免预热、免热处理焊条”“SKSW 全自动交流稳压电源”获银奖。

学校青年教师田永君副教授获得德国洪堡奖学金，并拟于 8 月份赴德国从事研究工作。

1996 年 6 月 15 日

学校演播厅气氛热烈，校产业集团领导及下属各企业领导携全体员工汇聚一堂，汽车附件厂“质量月”活动总结表彰大会在燕山大学演播厅举行。先进单位和个人受到表彰。

1996 年 6 月 18 日

在英国从事 7 年金刚石研究的邢广忠回国并在燕山大学工作。南非狄贝尔金刚石开发研究公司金刚石研究专家、英国赫尔大学邢广忠博士于 6 月 18 日谢绝该公司和赫尔大学挽留，告别国际金刚石研究权威、导师布鲁克斯，抵达北京并在燕山大学工作。

1996 年 7 月 1 日前夕

党委为发展党员、表彰先进，召开迎“七一”大会。党委召开大会，组织 120 名新党员宣誓和表彰一批优秀党员和先进党支部。会上，党委书记裴广发同志对党建工作作了总结。

1996 年 8 月 4 日

机械工业部党组书记、常务副部长邵奇惠同志，在部教育司副司长沙彦世和学校党政领导陪同下，对燕山大学进行视察。

1996 年 8 月 8 口

国家教委原副主任、国家教委院校设置委员会主任何东昌同志到校参观考察。

1996年9月2日

原中纪委书记处书记、原哈工大校长李昌同志到校视察。

1996年10月

学校南北合校工作取得较大进展。南校两校所有行政部门完成了合并工作，学生转移过半，北校已停止招生。

1996年10月5日

由燕山大学液压研究所、电气工程学院、轧钢研究所共同完成的650HCW精密冷带轧机成套设备，于9月29日到10月5日通过了专家验收，并已交付使用。

1996年10月8日

在党委机关负责人汇报会上，党委书记裴广发同志认真听取汇报的同时，对各部门工作计划作了具体指示，他要求机关工作要制订出一个符合学校长远发展实际的计划，认真抓好落实，为学校上层次做出贡献。

1996年10月12日

上午12时，燕山大学第九届田径运动会落下帷幕。此次比赛历时一天半，共有883名运动员参加了91个单项的比赛，1人3次打破3项学校田径最高纪录。

1996年10月15日

为加强大学生人文素质教育，燕山大学召开专题座谈会。在聂绍珉副校长主持召开的“人文素质教育座谈会”上，强调中国的高等教育必须培养出具有较高思想道德文化素质和文化品格全面发展的毕业生，而这些有赖于人文社会科学的教育。因此，必须大力加强大学生人文素质教育。

1996年10月18日

上午，燕山大学党委中心组成员集中时间认真学习《中共中央关于加强社会主义精神文明建设若干重要问题的决议》并进行了讨论。参加学习的中心组成员一致认为，党的十四届六中全会是我国建设有中国特色社会主义事业承前启后、继往开来的重要会议。

1996 年 10 月 23 日

党委书记裴广发同志在传达校党委“关于学习贯彻十四届六中全会精神的意见”和“关于贯彻《中国普通高等学校德育大纲》的实施意见”之后强调，要在精神文明建设上加大贯彻力度。

1996 年 11 月 25 日

机械工业部专家组普通高校函授、夜大学教育专家评估组一行 8 人，于 11 月 25—28 日对燕山大学函授和夜大学教育进行了评估，并给予高度评价。

1996 年 12 月

在近日初评的秦皇岛市 20 家“小巨人”企业中，燕山大学汽车附件厂榜上有名。这是该厂继获得“河北省产学研先进单位”和“河北省高新技术企业”之后，于 1996 年连续获得的又一荣誉。

1996 年 12 月 3—4 日

国家教委高校设置评议委员会专家组一行 3 人，在机电部教育司沙副司长等人陪同下来校，就合校后学校更名问题进行了考察，并给予学校高度评价。

（四十四）秦皇岛燕山大学机械厂和期刊编辑部成立

1996 年 12 月 3 日

经研究，决定成立秦皇岛燕山大学机械厂。

1996 年 12 月 10 日

经校长办公会研究，决定成立期刊编辑部，下设《燕山大学学报》和《教学研究》两个编辑室。

1997 年 1 月

由河北省委组织部、人事厅、科协共同组织的“第三届河北省青年科技奖”在石家庄揭晓，燕山大学材料工程学院田永君教授榜上有名。

田永君教授

1997 年 1 月 5 日

燕山大学 388 新区接收仪式在培训中心举行。至此，燕山大学占地已达 926 亩，为北校南迁奠定了基础。

（四十五）燕山大学产业集团成立

1997 年 1 月 10 日

燕山大学在演讲厅召开大会，宣布产业集团正式成立，并表彰了一批先进个人和企业。

（四十六）东北重型机械学院更名为燕山大学

1997 年 1 月 24 日

经国家教委批准东北重型机械学院更名为燕山大学。

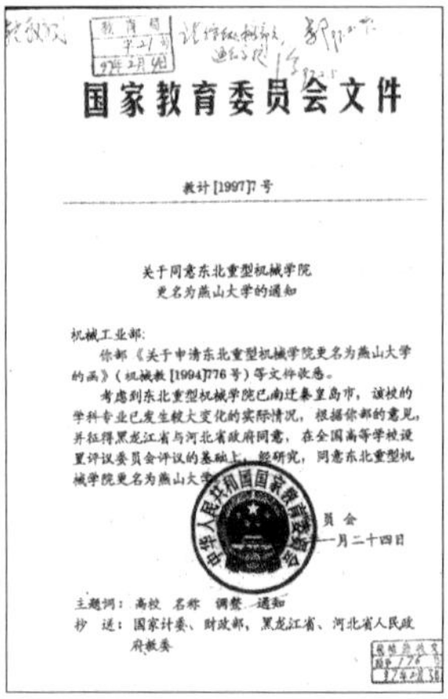

国家教育委员会文件

教计[1997]7 号

关于同意东北重型机械学院更名为燕山大学的通知

机械工业部：

你部《关于申请东北重型机械学院更名为燕山大学的函》（机械教[1994]776 号）等文件收悉。

考虑到东北重型机械学院已南迁秦皇岛市，该校的学科专业已发生较大变化的实际情况，根据你部的意见，并征得黑龙江省与河北省政府同意，在全国高等学校设置评议委员会评议的基础上，经研究，同意东北重型机械学院更名为燕山大学。

……员会

……一月二十四日

主题词：高校 名称 调整 通知

抄 送：国家计委、财政部，黑龙江省、河北省人民政府教委

机械工业部文件

机械教〔1997〕105 号

关于东北重型机械学院更名为燕山大学的通知

东北重型机械学院：

经国家教育委员会同意，你院自 1997 年 1 月 24 日更名为燕山大学。请办理更名的有关事宜。

附件：国家教委《关于同意东北重型机械学院更名为燕山大学的通知》

关于东北重型机械学院更名为燕山大学的通知

1997 年 3 月 6 日

由燕山大学计算机与信息工程系青年教师申利民和唐勇共同开发的“万通通用财会软件”通过了由河北省财政厅组织的商品化财会软件评审委员会的评审，该产品是燕山大学第一个通过商品化评审的软件。

1997 年 3 月 19 日

由机械部教育司、人劳司、河北省省委组织部、省高校工委和秦皇岛市市委组织部组成的联合考评组一行 9 人来校对校级党政领导班子进行考评，并依据此次考评进行合校更名后的党政领导班子的调整和补充。

1997 年 3 月 23 日

燕山大学万名师生参加“期盼香港回家”签名活动。

1997 年 3 月 26 日

燕山大学召开第四届科技工作会议。为表彰一批先进集体和优秀科技工作者，第四届科技工作会议于讲演厅召开。

1997 年 4 月 16 日

为贯彻部、省、市纪检监察工作会议精神，燕山大学召开纪检监察工作会议。为传达贯彻部、省、市纪检监察工作会议精神，总结和部署燕山大学反腐败和党风廉政建设工作，燕山大学纪检监察工作会议于当天在讲演厅召开。

1997 年 5 月 14 日

燕山大学网络中心与 CERNET 联网成功，并且作为 CERNET 地区级结点正式联入 Internet。

（四十七）更名庆典

1997 年 5 月 15 日

燕山大学万余名师生在学校运动场隆重举行更名庆典，庆祝东北重型机械学院更名为燕山大学。机械工业部党组副书记、常务副部长邵奇惠和全国人大常委、河北省人大副主任董耐芳为学校揭牌。

更名庆典

摘牌仪式

1997年6月

在喜迎香港回归祖国之际，为完成北校南迁的最后冲刺，基建处狠抓在建项目的施工管理，有两项工程（图书馆和成教学院）日前在全省施工现场大联查中被评为全省优秀管理工程，这也是秦皇岛市仅有的两项获此荣誉的工程。

合校时期学校领导检查住宅建设

合校时期在抓紧建家属楼

1997 年 6 月 2 日

著名物理学家毛河光博士来燕山大学进行讲学并受聘为名誉教授。美国科学院院士、中国科学院外籍院士、华盛顿卡内基研究院高级研究员、世界著名物理学家毛河光博士应邀对燕山大学进行访问。

1997 年 6 月 20 日

燕山大学和万兆公司在二食堂举办“迎香港回归书画摄影作品展”。

燕山大学和万兆公司举办“迎香港回归书画摄影作品展”

1997 年 7 月 15 日

为迎接 7 月 15 日开始的内审，争取在 9 月末至 10 月初接受德国 TVU 认证中心认证，燕大汽车附件厂已进入 ISO9000 试运行阶段。

燕大汽车附件厂

1997 年 8 月 5 日

著名流体传动与控制专家、两院院士、中国科学院院长路甬祥教授应邀到燕山大学参观，并作了题为“二十一世纪科技与教育发展前景”的学术报告。

中科院院长路甬祥来我校视察和讲学

1997 年 8 月 21 日

机械工业部教育司张明毫副司长代表机械工业部党组宣布了组建中共燕山大学委员会、纪律检查委员会的决定，同时宣布了党政领导任职通知：聂绍珉同志任中共燕山大学委员会书记；王准、梁颖琦同志任中共燕山大学委员会副书记；梁颖琦同志兼任中共燕山大学纪律检查委员会书记；王益群同志任燕山大学校长，任期 4 年；武占元同志任燕山大学副校长（正校级）；刘才、杨育林、王洪瑞、王永昌同志任燕山大学副校长。

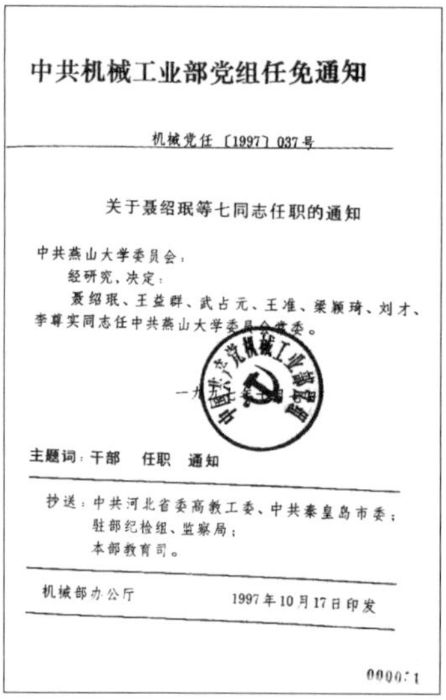

中共机械工业部党组任免通知

机械党任〔1997〕037 号

关于聂绍珉等七同志任职的通知

中共燕山大学委员会：

经研究，决定：

聂绍珉、王益群、武占元、王准、梁颖琦、刘才、李尊实同志任中共燕山大学委员会常委。

主题词：干部　任职　通知

抄送：中共河北省委高教工委、中共秦皇岛市委；驻部纪检组、监察局；本部教育司。

机械部办公厅　　1997 年 10 月 17 日印发

000071

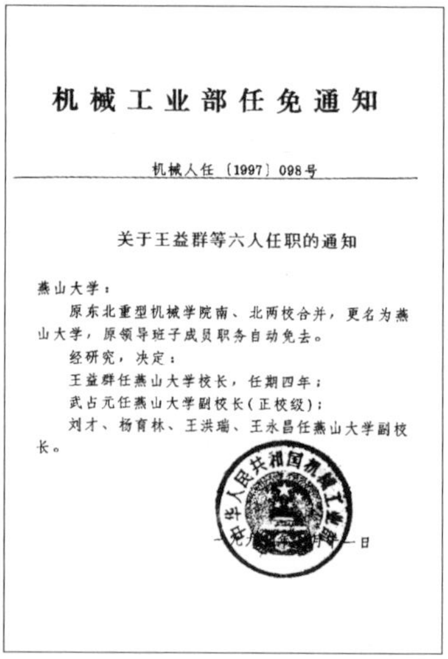

机械工业部任免通知

机械人任〔1997〕098 号

关于王益群等六人任职的通知

燕山大学：

原东北重型机械学院南、北两校合并，更名为燕山大学，原领导班子成员职务自动免去。

经研究，决定：

王益群任燕山大学校长，任期四年；

武占元任燕山大学副校长（正校级）；

刘才、杨育林、王洪瑞、王永昌任燕山大学副校长。

聂绍珉、王益群等任免通知

1997 年 8 月 20 日

国务院学位委员会批准燕山大学与美国都灵大学合作培养并授予美方学位的工商管理硕士（MBA）办学项目。

1997 年 8 月末

北校人员及设备已全部迁至秦皇岛市，并成立了燕山大学富拉尔基留守处，至此北校南迁、南北合校工作全部结束。

1997 年 9 月 15—19 日

燕山大学教师李晓辉代表燕山大学参加了“春子杯首届全国健美操运动会”，并获得男子单人项目第二名。这是学校建校以来在全国性大型比赛中取得的最好成绩。

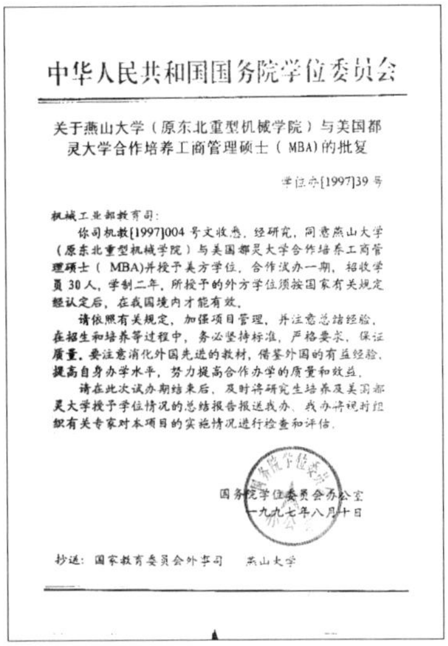

中华人民共和国国务院学位委员会

关于燕山大学（原东北重型机械学院）与美国都灵大学合作培养工商管理硕士（MBA)的批复

学位办[1997]39 号

机械工业部教育司：

你司机教[1997]004 号文收悉，经研究，同意燕山大学（原东北重型机械学院）与美国都灵大学合作培养工商管理硕士（MBA)并授予美方学位，合作试办一期，招收学员 30 人，学制二年，所授予的外方学位须按国家有关规定经认定后，在我国境内才能有效。

请依照有关规定，加强项目管理，并注意总结经验，在招生和培养等过程中，务必坚持标准，严格要求，保证质量，要注意消化外国先进的教材，借鉴外国的有益经验，提高自身办学水平，努力提高合作办学的质量和效益。

请在此次试办期结束后，及时将研究生培养及美国都灵大学授予学位情况的总结报告报送我办，我办将视时组织有关专家对本项目的实施情况进行检查和评估。

国务院学位委员会办公室
一九九七年八月十日

抄送：国家教育委员会外事司　燕山大学

合作培养 MBA 的批复

1997 年 11 月 20 日

根据国家教委批复，授予燕山大学机械工程、材料科学与工程、自动控制、仪器仪表、计算机科学与技术、电子学与通信 6 个学科具有教授任职资格评审权。

1997 年 12 月 23 日

机械部档案考评组来校，对学校档案目标管理进行考评定级。学校在 1997 年 11 月 10 日通过国家二级预检，并进行认真整改后顺利通过此次国家二级终审。机械部机械办〔1997〕978 号文件正式批准学校档案目标管理为国家二级。

—后记—

自1920年算起，燕山大学走过了90多年的漫漫历程。90多年，在历史的长河中也只是“弹指一挥间”，然而燕山大学却发生了翻天覆地的变化，取得了令人瞩目的成就。如今，一所校园美丽、学者云集的高水平、现代化的大学屹立在冀东大地上，成为莘莘学子向往和追求的知名学府，令万千校友为她骄傲、为她自豪。

昨日的辉煌已载入史册，光荣的使命正召唤我们继续前行。学校规划了未来发展的宏伟蓝图，建设一所“特色鲜明的一流大学——具有机械、材料等世界一流学科，学研产协同和军民融合发展办学特色的中国一流大学”是我们新的目标和心愿。燕山大学4万师生员工将在党和政府的领导与支持下，团结在校党委周围，同心同德，苦干实干，开拓进取，再创辉煌。

本书难以全部展示燕山大学厚重的历史积淀和不凡业绩。我们的期望是：对燕山大学的师生而言，它是一部校史，一个课堂；对于校友和来宾，它是一个窗口，一块屏幕；对于领导和公众，它是一张答卷，一份汇报。希望每个人在读过之后，都能留下美好的记忆和深深的感动，从而更加了解燕大，热爱燕大，感恩燕大，祝福燕大，关心燕大，支持燕大。

编者深知校史建设深远的历史意义和深刻的教育意义。校史者，即学校之历史沿革，记载了一所学校的创设、变迁、发展，是学校最宝贵的历史档案，是校园文化的溯源和载体，是学校应倍加珍惜、传承永续的精神财富。做好校史建设工作，不仅是对前人的尊重，也是对今人和后人的负责。

对于一所有着近百年历史的高校来说，没有一部完整详尽记录学校发展历程的校史，不得不说是一种遗憾。为了弥补这一遗憾，自2015年开始，编者便开始着手收集整理相关材料，力求打造一个能提供最新、最全的校史数据平台，为各类网站、微信、微博等新媒体传播工具提供素材，也为学校未来的校史编纂工作积累资料和经验。呈现在读者面前的这部小书，就是我们通过逐一整理馆藏历年报纸、文件、照片后汇总编辑的成果。

在本书的编纂过程中，燕山大学惠吉兴教授提出了许多中肯的建议，在此表示诚挚感谢！

本书既是编者辛勤劳动的成果，更是档案馆同人齐心协力合作之结晶。由于编者水平和时间所限，加之年代久远、馆藏资料有限，本书难免有疏漏之处，恳请广大读者批评指正，亦期待今后能有机会再加以补充完善。

编著者

2018年5月18日